全国高等院校美术教育学“十二五”规划系列教材

总 主 编：帅民风　何平静　刘南一
副总主编：张景鸿　唐长兴

FINE ARTS TEACHING METHOD
中小学美术教学法

著者　李庆云　罗克中

广西美术出版社

前言

《中小学美术教学法》是为满足广大中小学美术教师和师范美术学生的学习和进修需要而编写的。本书紧密联系中小学美术教学实际，与师范美术教育专业教学节奏合拍，与中小学美术教师培训需求相吻合，力求简洁明快。是美术教师的教学业务进修读本，是美术师范学生的必修课教材。也可作为广大中小学美术教师和关心中小学美术教育事业的教育行政人员、教育科研人员或学生家长的学习参考。

美术课是义务教育阶段和普通高中阶段的一门文化基础课程，担负着对中小学生进行美育和培养综合素质的重任，是中小学课程体系的重要组成部分，是进行审美教育的主要途径。在推进素质教育的进程中，越来越多的人认识到美术教育在提高和完善人的素质方面具有独特的作用。在我国的德、智、体、美全面发展的教育方针中，美育是一个重要的、不可缺少的方面。在《义务教育阶段美术课程标准（实验稿）》与《普通高中美术课程标准（实验稿）》的规范下，通过美术课对学生进行系统的集中的审美教育，在义务教育阶段：可以提高学生的审美能力，陶冶学生的情操；引导学生参与文化的传承交流；发展学生的感知能力和形象思维能力；形成学生的创新精神和技术意识；促进学生的个性形成和全面发展。在普通高中阶段：可以陶冶审美情操，提高生活品质；了解美术文化，形成人文素养；激发创新精神，增强实践能力；调节心理状态，促进身心健康；拓宽发展空间，帮助规划人生等。总之，实施美术课程教学对学生的成长有着重要的价值。美术教学在进行美育的同时，也促进了学生德育、智育、体育各方面的发展，在贯彻“让学生成为有理想、有文化、有纪律、有道德的现代化建设者和接班人”的教育方针中具有积极的作用和重要的意义。

《中小学美术教学法》属于教学法的范畴，是一门理论性与实践性相结合的教材。关于美术教学法研究的对象与任务，人们还存在不同的看法。有些人把教学法和教学方法混同起来，认为美术教学法仅仅研究美术教学的方法，只解决美术教学方法上的问题；也有人认为美术教学法研究的对象应该是美术教材和教学方法，结合教材来搞教法才是全面的，因而主张将学科名称直接改为“美术教材教法”；还有人认为美术教学法研究的对象应该是美术教学过程、美术课程、美术教学资源或美术教学的某一方面问题，其任务就是探索和研究其中的客观规律等。这些看法对不对呢？我们认为是值得研究和有必要讨论的。因为美术教学法研究的首要任务，应该是整个美术教学问题。它包括美术教学的目的、任务和要求，美术教学的内容、结构和特点，美术教学过程和使用的方式、方法等。也就是说要科学地、具体地解决美术教学的“为什么教、为什么学，教些什么、学些什么，怎么教、怎么学”等一系列理论和实践的问题。因此，《中小学美术教学法》既是对中小学美术教学理论的研究，也是对美术教学实践的研究。目的在于探索和总结中小学美术教学规律，并提升到理论高度，让它更好地指导中小学美术教学工作。

《中小学美术教学法》涉及中小学美术教育目的和教学目标、中小学美术教学与素质教育、美术课程标准与学习领域、教学工作要求与实施、美术课外活动组织与拓展、美术教学评价等，特别是我们根据长期的高等师范美术教育经验，针对培养中小学美术教师工作的实际情况，我们将教育实习与教育见习、怎样撰写教育教学相关文案等内容也单列成课，旨在满足中小学美术教学的应用，培养美术教师的教学工作能力。因此，这是一系列结合教学实际需要而展开的理论课题，它具有很强的实践性和指导性。改革开放以来，我国义务教育阶段美术教育尽管一直处于正常发展的良好态势,但是由于观念方面的原因，仍存在一些不适应素质教育的地方，体现在课程的综合性与多样性不足，过于强调学科中心，过于关注美术专业知识与技能，在一定程度上脱离学生的生活经验，难以激发学生学习的兴趣等。美术教学承负着美育和素质教育的重任，而美术课程在中小学课程中却占据较小的比重，根据中小学美术教学的实际情况，通常第一、二、三学段每周安排1至2课时，第四学段每周安排1课时，前三个学段课时总量约为216课时，第四学段课时总量约为108课时。因此。如何展开美术教学，改进教学方式方法，提高教学效率，达到最佳教学效果，也是本书试图回答的问题。

《中小学美术教学法》是以国家教育部2001年制订的《全日制义务教育美术课程标准（实验稿）》为指导，以中小学美术教材为依据，以艺术学、教育学、心理学和基础教育改革观念为理论和思想基础，结合长期的高等师范美术教育工作经验和艺术创作实践体会编写而成。美术教学法是一门科学，更是一门艺术，它具有严谨而灵动的学科属性。从广义上讲，学科的每一发展进程，每一建树构成，都源自于美术教学实践，是美术教学的经验总结和理性升华。因此，尽可能及时地吸收公允的学科研究成果，用以指导美术教学实践，促进学科的不断进步，应是教学法编著的努力方向和必然选择。同时也决定了《中小学美术教学法》不可能只是一家之言、一时之说，而应该站在当代教学法研究的最前沿，反映时代的新要求。于是我们在编写过程中参考、借鉴和摘取了一批当代美术教学方面的经典学说和论述(参考书目录附后)，通过我们的“编著”，努力使广大读者能从中获益，能用以指导教学工作实践，就是我们最大的愿望。

作为教材，诉诸教学实践，敬请广大中小学美术教师在学习和使用的过程中，给我们提出宝贵建议和意见，使本书趋于完善，使该教材在实践中能真正成为提升广大中小学美术教师教学能力的好帮手。

编著者

2008年6月10日

目录

第一课　中小学美术教学目的、目标与任务

课程名称： 中小学美术教学目的、目标与任务。

授课时数： 五至八学时。

教学目标： 了解中小学美术教学的目的、目标与任务，明确中小学美术教学的相关概念，理解确立美术教育目的的基本依据。

教学重点： 中小学美术教育的一般性目的与具体性目的的关系；中小学美术教学的目标与任务。

教学难点： 把握中小学美术教学的目的和目标。

作业要求： 详见本课后的“复习思考题”。

第一讲
中小学美术教育的目的

中小学美术教学为了什么？这是每一位中小学美术教师应该首先探究的问题。因为这看似简单的提问，却涉及国家的教育方针、人才培养规格和素质教育实施等美术教育的根本性要求，事关美术教育目的和美术教学目标的思考。

我国的教育方针是对社会主义教育目的的高度概括，也是国家、社会对个人发展提出的规格要求，体现了社会需要与个人发展需要的统一性，体现了兼具全面发展要求与素质教育精神的教育培养目标。在教育方针精神的规定下，美术教育目的也归属与显现在其中，成为教育目的的具体体现之一。我们应该看到，在新的历史时期，我国的美术教育受到了空前的重视，特别是在推进素质教育的进程中，人们越来越多地认识到美术教育在提高与完善人的素质方面具有独特作用。因此，美术教育必须以教育方针为准绳，以此指导工作，否则便会背离教育目的。

一、中小学美术教育的目的构成

中小学美术教育的目的包括美育目的、德育目的和智育目的等方面内容。

其一，体现在中小学美术教育中的美育目的。美育，是关于审美与创造美的教育，是“审美教育”“美感教育”的简称。美术课具有人文性质，是学校进行美育的主要途径。美术课程作为美术教育的主要载体和媒介，对美育具有重大意义。学校通过课程、教学、活动等多种方式和手段，展开美术教育，实施美育。而且，由于美术教育的学科特性所致，它与美育的关系比德育、智育更直接、更密切。美术教育中包含有美育的目的，它是美术教育的主要和重要的目的，是美术教育的深层次追求。美育目的可以体现在以下四个方面：

1．促使学生树立正确的审美观。审美观是世界观、审美意识的重要组成部分或反映，是人们在社会实践活动中，主要是在审美与艺术活动中形成的对美、审美、美的创造与发展等问题所持有的基本认识与观点，包括标准、趣味和理想等。中小学教育阶段的美术教育，对于学生正确的审美观的形成十分关键，意义重大。主要是通过美术课程、美术教育活动，使学生感受、鉴赏到美术作品和学习美术过程中反映出来的自然美、社会美和艺术美；在寓教于乐的美育教学安排中，促使学生逐步形成健康的审美情趣和高尚的审美理想。《全日制义务教育阶段美术课程标准（实验稿）》在前言部分中强调："……使学生在积极的情感体验中提高想象力和创造力，提高审美意识和审美能力。"审美意识是人在审美活动中形成、发展并支配人的审美、创造美活动的认识、思想、情感、意志，是人的大脑对客观审美对象的能动的、特殊的反映，是融合了形象、联想、想象、理智、情感的意识，包括审美的感知、感受、观点、判断、推理、评价、趣味、态度、理想、能力及审美中的意志活动等，是人们社会意识的组成部分，并和其他社会意识相互影响、相互渗透。概括地说，审美意识的培养就是美术教育的重要目标之一。

2. 培养审美的感受能力。《全日制义务教育美术课程标准（实验稿）》在前言中明确指出，要通过美术课程的教学提高学生的审美意识和审美能力，增强对大自然和人类社会的热爱及责任感，发展创造美好生活的愿望与能力。《普通高中美术课程标准（实验稿）》在前言中同样明确指出，美术课程教学对于提高学生的整体素质，发展学生的审美能力具有积极作用。审美能力是指以审美方式把握世界的特殊能力，包括审美的知觉力、感受力、记忆力、鉴赏力、选择力、判断力、理解力、想象力和创造力、表现力、意志力等，是人的智能结构的重要组成部分。

审美能力之一便是审美感受力。审美感受力是由客观对象的审美属性引起的人感情上愉悦的心理状态和直接的审美感觉的能力。在中小学教育阶段的教育中，审美感受力的培养主要是引导学生对审美对象（自然的、社会的、艺术的对象）的直接把握和领悟，从而产生审美愉悦。这不是一般的智力认知，而是通过对审美对象的直观感受与形式整体感受来获得的。大量美术教育事实证明，这种审美感受力是可以培养、训练和提高的。

3. 培养审美的鉴赏能力。审美鉴赏力是审美能力的一种，即对审美对象的鉴别与评价的能力。它包括对审美对象的美丑的识别，也包括对审美对象的审美性质的深刻理解，还包括对审美对象的类型、形态的领悟与鉴别的程度，并能给予审美评价。是欣赏、鉴别、判断、评价美丑和审美创造的特殊的能力，是审美知觉力、感受力、想象力、判断力、理解力、创造力的综合。审美鉴赏力较审美感受力的层次要高，且理性因素相对突出。审美鉴赏凭借审美思维和形象思维，其任务不仅在于识别事物的美丑，而且要甄别美的性质、种类、程度，并加以评定。义务教育阶段的美术教育主要是通过审美教学活动，传授相关的审美知识、美术欣赏与创作的知识来进行的。值得指出的是，这种审美鉴赏力的形成与发展，又与阶级的、民族的、时代的审美意识影响以及个人的审美经验、审美情趣、审美理想的渗透是紧密联系在一起的。

4. 培养审美的创造能力。审美创造力是审美能力的一种，指对美的想象力、表现力，也即创造美的能力。这也是中小学美术教育强调要培养的一种重要能力。它是通过美术教育，学习艺术形式和表现技巧，对社会和自然中的原始素材进行提炼、加工、想象和构思，创造艺术形象，从而获得的能力，审美创造力是审美能力的一个组成部分。义务教育强调审美能力的教育和培养就包含这个内容，教育目的就应该在审美创造力中得到体现。当前美术教学主要是以教学活动方式划分学习领域，学习领域间虽然各有侧重，但却集体作用、共同完成培养审美创造力的任务。

以上四个方面就是美育目的的基本内容。这四个方面的相互联系与相互作用，表现为以审美观为核心，以审美感受能力、审美鉴赏能力、审美创造能力为手段的培养关系。

《全日制义务教育美术课程标准（实验稿）》和《普通高中美术课程标准（实验稿）》的基本精神，具体体现了美术教育目的。因为，美术课程是义务教育阶段全体学生必修的艺术教育课程，是学校进行美育的主要途径，在实施素质教育过程中具有不可替代的作用；普通高中美术课程是艺术学习领域中必修课程之一，普通高中美术课程既与义务教育阶段的美术课程相衔接，又具有自己的特点，是高一层次的美术课程。

虽然美术教育是对学生进行美育的主要途径，但美术教育并不能完全等同于美育，因为美术教育具有多维价值和多元化追求。作为美术教育目的中的美育目的，是始终贯穿于美术教育全过程的。它一方面融入美术教育的内容、方法之中，另一方面又融入美术教育的目的之中，美育和美术教育的关系，从教育总体上看可视作内容与形式、目的与手段的辩证关系；若从美术学科看，则可理解为教育活动形式的一定方面，或者特殊部分。若仅将美育解释为美术教育，或者仅将美术教育理解为美育，则会导致认识的偏颇。

其二，体现在中小学美术教育中的德育目的。德育，从广义上说，是指一切有目的的影响人的思想品德的活动。而在学校教育中，德育则是指教育者按照社会与时代发展的要求，受教育者思想品德形成发展的规律和需要，有目的、有计划、有组织地施行的教育。德育一般包括政治教育、思想教育和道德教育等三个方面。德育是精神文明建设的重要组成部分，是促使学生德、智、体、美全面发展，素质教育目标得以实现的保证。

美术教育不是德育，但通过美术教育却在一定程度上以特有的角度和方式完成德育任务。美术教育的目的之一就是德育目的，它体现在美术教育的内容、过程、目的之中，贯穿于美术教育的全过程。这是由我国教育的目的与培养目标所决定的。我国当代艺术教育家丰子恺先生曾说“人民每天瞻仰这样完美无缺的美术品，不知不觉中精神蒙其涵养，感情受其陶冶，自然养成健全的人格”，“我教艺术科，主张不求直接效果，而注重间接效果；不求学生能作直接有用之画，但求涵养其爱美之心。能用作画一般的心来处理生活，对付人生，则生活美化，人世和平，此为艺术最大效用”（《丰子恺论艺术》）。蔡元培先生极为看重美术教育的“教化”意义，即德育的作用，曾主张“以美育代宗教”。而鲁迅先生则一针见血地指出：“美术可以辅翼道德”，“美术之目的，虽与道德不尽相符，然其力足以渊邃人之性情，崇高人之好尚，亦可辅道德以为治”（《鲁迅先生论美术》）。以上认识早就阐述了美术教育在德育方面所具有的重要作用，加深当前我们对美术教育的德育目的的理解。

其三，体现在中小学美术教育中的智育目的。智育，即知识和智力的教育，是向受教育者有目的、有计划、有组织地传授系统科学文化知识和技能，发展受教育的智力的教育活动。在义务教育阶段的美术教育中包含了许多知识教育，在美术课程体系中美术方面的知识是必不可少的内容，并以此为载体开发学生的智力，包括观察能力、记忆能力、想象能力和思维能力等。在美术教学中如何增长学生的知识，如何发展学生的智力，成为一个重要的追求目标，美术教育的智育目的是显而易见的，它的作用、意义也为大量的美术教育实践所证实。

新颁布的《义务教育阶段美术课程标准》和《普通高中美术课程标准（实验稿）》是中小学美术教育的纲领性文件，它改变过去教学大纲单纯以学科知识体系构建课程的做法，在美术教学中按学习活动方式划分学习领域，改变以往的知识传授模式等，课程改革有利于实现美术教育的智育目的。

美术教育在实施素质教育的过程中具有不可替代的作用。然而，美术教育并不等同于美育、德育和智育，因为美术教育具有自己特有的教育内容和教育方式，但是，美术教育目的却包含了美育、德育、智育目的。美术教育目的已融会于社会主义教育目的，成为社会主义教育的有机组成部分和实施内容之一，是培养全面发展的社会主义新人不可缺少的环节。义务教育阶段的美术教育的目的与价值也从中得到充分的体现。

由此可见，中小学美术教育目的，主要是通过美术教学，体现美术课程价值来实现的，《义务教育阶段美术课程标准》和《普通高中美术课程标准（实验稿）》设置并要求完成系列教学目标就是为了实现美术教育目的。标准所规定的既是美术教学的原则性要求，也是美术教育目的的具体体现，这些准确而深刻的论述，为中小学美术教学指明了努力的方向。

根据以上几点，我们认为，美术教师只有明确了美术教育目的之后，才能全面、深入地理解中小学美术教育的性质，认清教育的方向；才能认识到自己所肩负着的使命与责任；才能自觉地用美术教育目的来规范具体的教学工作，并指导美术教学的改革与教学科研。

二、确立美术教育目的的基本依据

需要是影响美术教育价值取向的主要理由，也是构成中小学美术教育目的的基本前提。社会、个人对美术教育有哪些需要，或者说，美术教育要满足社会、个人的哪些需要，这是美术教育目的价值取向包含的主要因素：

（一）美术教育的社会需要

教育是一种社会存在，属于社会上层建筑的范畴，它的生存状态必然与经济基础相适应并受其制约。美术教育作为教育的重要环节，其发展与生产力相适应，与生产关系相匹配，美术教育按照社会需求的价值观和人才规格，培养劳动者的美术文化素质与技能。由此可见，社会对美术教育赋予了历史使命。因此，美术教育与社会发展相适应，在中小学设置美术课程、开展美术教育就是顺应社会需要的结果。由于美术是艺术的重要内容，是人类文化不可分割的组成部分，并在一定程度上描述、界定和深化人类的经验，因此，人们认为："缺乏基本的艺术知识和技能的教育决不能称为真正的教育"，"没有艺术的教育是不完整的教育"，"一个没有艺术的社会和民族是不可想象的。正如没有空气便没有呼吸，没有艺术的社会和民族无法生存"。人类总是通过前人的艺术，探索这类问题：人的本质是什么？人类的宗旨是什么？人类的出路在哪里？艺术传达了人类在不同时代对人性的基本思考。艺术往往以一种新的视角对旧的观念发起挑战，成为社会变革的一种真正动力。可见，在中小学校发展美术教育、设置美术课程的根本原因是社会需求。

美术作为人类创造的一种文化现象，是伴随着社会的发展而发展的。人类早期的美术教育完全融合在社会生活、生产劳动之中，其间走过漫长的发展历程，近几百年产生了学校教育，美术教育是随着学校教育的日益完善而逐步发展起来的。18世纪初，欧洲的一些新式学校就开始将美术课列入课程表中，普遍在普通学校设置了美术课。我国正式的中小学美术教育在19世纪末即已开始，清政府的贤达人士将中小学美术教育皆视为重要科目。1911年辛亥革命后民国政府教育部规定"图画要旨在使详审物体，能自由绘画，兼练习意匠，涵养美感"，提出了适应"实学"和"实业"美术教育目的的教学要求。20世纪起至新中国建立前，这段历史时期政府当局虽然就有关中小学美术教育的章程、纲要或标准等形成过30多个文本文件，对中小学美术教育的要求、教学内容、课程标准等作过数次修订，但是美术教育的规模很小、作用有限。半殖民地半封建的社会严重地制约了美术教育的发展。从20世纪50年代开始，新中国顺应时代前进的步伐，迎来了中小学美术教育的全面发展。社会发展不断向美术教育加载责任和使命，社会需要也不断地刺激美术教育，因而不断修改、调整和重新制订美术教学大纲和教学标准。例如：2000年颁布的《九年义务教育全日制小学美术教学大纲》与同年颁布的《九年义务教育全日制初级中学美术教学大纲》的开篇词都非常一致地指出："美术课是九年义务教育阶段一门必修的艺术文化课程，是学校实施美术教育的重要途径。它对于陶冶情操，提高美术文化修养，培养创新精神和实践能力，促进学生德、智、体、美全面发展，具有重要作用。"这是美术教育目的的明确阐述，比以往的提法更清晰、更准确。世纪之交，中国基础教育高举全面推进素质教育的旗帜，出台了系列教育政策和措施，加快了基础教育改革与发展的步伐。2001年7月教育部制定颁布了《全日制义务教育美术课程标准（实验稿）》，此后还陆续颁布《全日制义务教育阶段艺术课程标准（实验稿）》、《普通高中美术课程标准（实验稿）》和《普通高中艺术课程标准（实验稿）》，体现了人们深刻地看到美术教育、艺术教育在提高与完善人的素质方面所具有的特殊作用。国家将美育列入教育方针以后，美术教育受到了空前的重视，迎来了新的发展机遇，标志着美术教育进入了重要的发展时期。

综上所述，当代社会要培养继承和发展美术文化的人才，有发展文化的需要；要培养高素质审美人群，促进生产和消费，有发展经济的需要；要强化美术对社会经济发展的作用，有社会快速发展的需要；要造就兼具科学和艺术素质的人才，有促进和谐社会发展的需要。

（二）美术教育的个体需要

需要是生活的原始动力，是个体活动积极的源泉。生存与发展是教育最根本的需求，当代的教育赋予这两大主题以更高的层次和更丰富的内容。当前，美术教育要满足物质与精神两方面发展的需要，满足自我尊严和实现自我价值的需要。同时，为了生存与发展个体对美术教育提出需求，并具有阶段性、层次性和宽泛变化的特点。从整体上看有以下几点：

1. 个体有学习美术知识技能，满足艺术修养的愿望。美术教育的最基本目的就是传授美术技法、技能。中小学美术教育是让学生在轻松愉快的环境中，学习基本的美术技法和掌握相应的材料工具，运用美术语言和表现手段来表达自己的所见所闻、所想所爱，表达生活的感受和体验。通过美术学、美术史、美术欣赏与美术批评等知识教学，使学生建立美术知识结构，提高美术理论素养，形成健康而高尚的审美情趣，切实满足学生培养审美文化素质、提升艺术修养的需要。通过学习，奠定一生可持续发展所需要的基础。

2. 个体有自我实现和人格完善的要求。不断开发自我潜能、激活禀赋，培养创造精神，不断施展才华，实现理想是人类心理发展的一种需要。人对于自我发展和完善的欲望，是人的潜能得以实现的动因。学校中孩子们自我实现的愿望往往成就了他们的人生理想。在中小学美术教育中，通过精心设计的教学活动，能够直接发现和发展学生的美术才能，又能间接地发现学生的个性特质，学生的气质特点、心理状态、美术学习以外的才能、天资禀赋都会在美术教学活动中有所流露。美术教师在注重素质教育观念的指导下，开启学生智慧潜能之门，培养学生的创造精神，鼓励学生不断发现新的自我，树立信心，保持高昂地勇敢地实现自我价值的热情。

若将美术教育的个体性需求分为知识技能、健康身心、开发脑力、完善人格、实现自我诸层面，那么完善人格是个体最高的需求层次。人格是一种带倾向性的心理特征和心理品质，它是在谋生存、求发展的环境作用下形成的。人格完善就是心理特征的调整和心理品质的合理构成与发展。中小学美术教育在全面推进的素质教育的精神指导下，对人格完善起独特作用：它通过教学，参加精神文明建设，它鼓动创作，伴有价值观的介入，使学生体验有价值的情感。它引导学生鉴赏，审美、爱美，受美陶冶，心灵净化、情感升华，体验美的历程。在美的创造中，切实感受到人格的本质力量。通过科学有效的途径，以丰富的社会文化内容开发受教育者的潜能，并以此完善全面发展的人格。可见，中小学美术教育与素质教育要求有共同之处。美术教育承担美育的重任，在培养个体的人格品质方面与德育的目标有相同之处，即教育学生学会做人、学会生存、学会学习、学会合作、学会创造。要求学生不仅要有知识和文化修养，还要学会适应环境变化并有自我设计的能力，以及符合社会发展需要的创造能力。美术教育培养学生的探索精神，使其具备艺术思维的特点、方法以及追求美的秉性，使学生形成可持续发展的意识、信心和勇气，奠定一生可持续发展所需要的基础。具有这种综合素质，自然丰富个体的心理体验，涵养健康完善的人格。另外，通过中小学美术教育还能满足美术特长学生个人发展，实现自我价值、追求自我理想的需要。

3. 个体有开发右脑功能和适应身心特征的需要。大脑的结构与机能十分复杂，人们对大脑的认识还很有限，但生理学研究告诉我们，大脑是心理活动的主要器官。正常人的大脑左半球是主管语言和抽象思维的功能系统，大脑右半球主管形象知觉、形象思维和调节情感的功能系统，音乐、美术活动和创造想象主要在右半球上进行。大脑左右半球应具有高度专门化又高度整合的特点，因此，在实施教育，发展学生全面智力时，不仅需要开发语言思维占优势的左半球，还要注意开发形象思维占优势的右半球，使两个半球获得均衡发展。而美术教育能发展右脑的感知功能，特别是视知觉能力，与儿童认知特点、心理发展特点相吻合；

能培养学生的观察能力，丰富记忆表象；能发展想象、自觉等多种思维能力；能使学生获得丰富的情感体验，发展学生的各种高级情感和个性品质；能发展学生的创造性思维，发展创造才能；能发展学生的动手能力，激发自身的潜能。

美术教育是系统工程，它研究受教育者的身心发展过程。就中小学阶段美术教育而言，小学阶段学生处于童年期，年龄一般在7至12岁之间。从生理上看，他们有学习更多知识的物质保证和生理需要。心理方面，这个阶段感知事物比较笼统，不够精确，往往只注意孤立现象，看不出事物之间的联系，对时间和空间的观念还比较模糊。注意力不稳定、不持久，无意注意仍占优势，因而他们有通过培养发展有意注意的需要。抽象能力差，以机械记忆为主，需要培养意义记忆的能力，学习有效的记忆方法，进而发展记忆能力和思维能力。小学生的想象特点是鲜明生动，低年级学生的想象大多属于再造想象，想象中的事物经常是简单的重现。随着各方面的发展，小学高年级学生已经可以在词的思维水平上进行想象，思维以形象思维为主要形式向抽象的逻辑思维过渡，抽象思维仍是直观与感性经验相联系的，仍具有很大成分的具体形象性。此时期的儿童好奇，很爱提问题，有求知的精神和渴望。小学生的情感表现比较明显，不善于控制自己的情感，意志比较薄弱，自制、自觉、坚持性都比较差，有克服不良情绪，增长意志力的需求。

中学生处于少年和青年时期。少年期是从童年向青年过渡的时期，生理上蓬勃成长，这是人生极为重要的一个关键年龄期，其身体发育处于第二次生长高峰期，心理方面表现出半幼稚半成熟的状态。至高中阶段学生的身心发展都接近于成熟，身体增长速度逐渐减慢，骨骼、肌肉接近成人的标准。神经系统方面，大脑皮层的神经已发育完全，联络纤维增长很快，兴奋与抑制过程已达平衡，但大脑活动的机能仍在继续发育，他们的感知、记忆、思维、想象、情感、意志等特点都逐渐走向成熟。初中阶段学生心理方面感觉有很大发展和提高，视觉和听觉的灵敏度甚至超过成人。知觉的精确度和概括性有所发展，注意比童年时期更具稳定性、目的性和选择性，他们精力充沛，兴趣广泛，但又容易分散注意，他们有培养兴趣、鼓励积极性的要求。他们记忆的目的性加强了，意义识记也有较大发展，在方法上，意义识记逐步代替了机械识记，逻辑思维能力日益发展，能独立思考一些问题，但具有经验性，仍需要感性材料、感性经验来支持。此时学生多疑好问，爱争辩，应加以鼓励和支持。他们有时看问题比较主观、片面、过于自信，要及时纠正指导，应培养其辩证思维能力。他们的情绪自控能力、意志力、毅力等都有了很大发展，情绪情感的发展处于转折期，但情绪仍易于激动，情感易受外界环境的影响，并随情境的变化而波动。克服困难时，往往毅力不够。独立自主的愿望加强，喜好单独行动，常以成人自居，但有时还不能控制自己的行动。他们有发展思想水平、发展意志品质的需要。高中阶段，学生的知觉和观察事物的能力比以前提高，表现为能较全面地、深刻地观察事物和分析问题，注意更加稳定、更加集中，记忆有所发展，思维进步显著，主要特点是从形象思维向逻辑思维发展，思维的独立性和批判性有所提高。但在观察的精度、方式方法，思维的程序、深度、严谨等方面有待进一步发展。高中阶段是世界观形成的时期，有树立理想，磨炼意志，接受完善的教育和引导的需要。

因此，中小学美术教育目的的设置越切合中小学生身心发展特征越容易达成；反之，背离学生的身心特征，那教育目的就难以实现了。由此可见，设置美术教育目的要与青少年身心发展要求相吻合，这是个体发展的需要。

第二讲
中小学美术教学的目标与任务

一、教学目标、教学任务与相关概念

教学目标是教师通过教学活动，预期学生应该达到的程度，是对学生学习行为的一种规定性要求，教学目标始终显现在学生的行为变化中。因此，教学目标是在教学活动中师生双方预期达到并可以测度的学习结果及具体规格。教学是一个复杂的过程，要使教学的总体要求、一般目的、具体任务落实到教学活动体系的各个部分中去，就必须对实际的教学活动水平作出具体的规定。教学目标主要由课程的课程目标、单元目标、课时目标组成。

制定教学目标一般应满足这样一些功能性要求：其一，是教学目标的方向功能。制定教学目标会决定教学的方向和进程，教学活动与教学目标指向关系密切，若教学目标明确，则会指明方向，集师生合力向目标努力，产生较大的教学效果。因此要缜密考虑教学活动将会达到的结果，以及目标系统结果达到的先后顺序及层次，理清目标之间的逻辑联系。其二，教学目标的激励功能。制定教学目标应从学生的实际情况出发，符合学生的实际水平，考虑学生的接受能力，教师应研究学生的兴趣、动机、意志、知识和能力水平，以制定适当的教学目标。从这种意义上说，教学目标愈明确，对学生学习的激励作用就越大，反之，教学目标过易或过难、过低或过高，都难以激发学生强烈的学习动机和兴趣。其三，教学目标的检测和评价功能。总体上说，制定教学目标应实行科学的定性与定量，形成可供测量和检验的教学目标体系，成为检测学生学习结果和评价教学效果的重要指标，教学目标是进行科学的检测和客观评价的基础。由于学科自身的特点与课程改革的要求，应对中小学美术教学目标的检测与评价功能作符合教学实际情况的调整，以形成多级多元的教学目标体系。

教学任务，是教学作为实现教育目的的基本途径自身所应完成的任务。教学任务是教育目的在教学活动中的具体体现，教学内容、教学方法、教学组织形式均为完成教学任务服务。一般教学任务大致可以分为三个方面内容：传授知识与技能，发展智力与体力，培养思想与情操等，并形成具体的可操作的目标体系。

为展开美术教学目标与任务问题的讨论，我们有必要事先明确相关概念，理清容易混淆的关系。

从广义上说，教育，是培养人的一种社会活动；教学，是有目的的师生双边活动。教育与教学二者并列，它们之间存在统属关系。教育是个大概念，就学校工作而言，教育指的是学校培养人的全部工作，教学是下属概念，是学校进行教育的主要方式之一，与学校的其他教育工作一道共同作用，完成教育任务，实现教育目标、达到教育目的。教学是教育工作的主要内容，是实现教育目的的基本途径，可见，教学与教育这两个概念不尽相同而相互联系，是部分与整体的统属关系。

同样，教育目的，是培养人的质量标准；教学目的，是教学活动的预期结果。将教育目的与教学目的作比较，就会发现由于“教育”与“教学”两个概念的涵盖力不一样，它们之间也应是统属关系，是整体与部分的关系。虽然，教学目的是体现教育目的基本途径之一，为实现教育目的服务，是教育目的的一种具体化，二者有不可分割的密切联系。但是，它们的作用与范围是不一样的，前者体现于整个教育活动及过程中，而后者则体现在具体的教学实践层面，并在各自的领域中显现它们自身的价值与意义。

教学内容，就学校而言，是其培养学生得到全面发展的基本活动内容或范围，是学校实现教育目的，达到教学目标，完成教学任务的主要条件。教学内容的确立应与教育目的、教学目标相适应，通常是由教学计划、课程标准和教材课本等具体体现的。

将教学任务与教学内容相比较，则可以见到，教学任务，是教学活动为实现教育目的应做工作的总和，是教育目标的具体化；教学内容指的是教学工作的基本内容，是为完成教学任务服务的，二者为实现教育的目标追求，形成互为联系、共同作用的共生关系。总的看来，教学目的、任务、内容与教学目标之间既有关系又有区别。它们的共同之处在于都是根据教育目的要求，对教学活动提出具体要求或划定工作范围，进而作出规定。尽管在教学活动中，教学任务、内容、目的等有时被作为同位词使用，淡化了它们与教学目标之间的界限，但是它们与教学目标之间是存在着差别的。

总之，教学活动作为一种有计划、有组织、有目的的实践系统，接受教学目标调节，课程的目标、内容、方法经过实践后，接受评价结果的调控，成为一个动态变化的系统。

二、中小学阶段美术教学的目标与任务

设置美术教学目标体系是有序高效地开展中小学美术教学的前提；目标教学是现代教学管理机制的重要内容，是教学现代化进程的标志。

美术教学目标的设置，一定要符合学科的特性与学生的情况。为此，根据美术教学的要求，一般将美术教学目标分为技能、认知、创造、情感四个领域。其中技能领域是指美术教学中必须掌握的基本技能，包括操作技能和智力技能方面；认知领域是美术教学中必须掌握的基本知识，可分为形象性材料和知识性材料方面；创造领域体现了艺术的本质，也是美术教学的重要任务之一；情感领域包括人的基本情绪以及道德感、理智感和美感等高级情感。并依此细化领域和拟定系列层次的教学目标。

教学目标是教学行为和学习结果的具体化标准。完整的教学目标应包括行为主体、实际行为、行为条件与行为标准等四个要素，应具有可观察、可测量的特点。通过目标行为的实施要使教学任务的完成体现在不断改进的教学实践中，体现在学生的行为改变上。教学目标是指导、实施和评价教学的主要依据。制定教学目标应反映以下过程：在单位时间（课时）里，通过教学行为，实施教学内容，把握教学结果，吸收教学反馈，形成质量标准。因此，设计教学目标必须考虑以下一些问题：其一，以教学内容为依据，因为教学行为是教学内容在限定时间里转化、传递、展开的过程。要明确教学要求，展开教学内容，追求合理的实施结果与评价标准。其二，以课时为依据，因为教学内容与教学行为必须以课时为条件，学习水平与时间、效率密切相关，课时是教学的最基本单元。其三，以学生的实践能力和水平为依据，因为学生是学习的主体和中心，主体的变化和反映，决定了教学目标的实施与评价。因此，

目标要切合实际，还要便于评价和检查。设置系统的、翔实的、清晰的、符合教学实际水平和需求的教学目标成为教学活动最重要的前提。

（一）中小学阶段美术教学的总目标

在我国义务教育阶段美术课程标准中，设置了课程总目标和阶段性目标；在普通高中的美术课程标准中也设置了相应的课程目标。因为课程是美术教育目的、美术教学任务和内容的主要载体，也是教学实施的依据，所以，课程总目标会在主要方面代表和阐释教学的总体目标，是教学总目标的重要和主要代表，从国家美术课程标准的阐述中，可以清楚地看到这一点。国家美术课程总目标体现了新的时代精神，这些基本理念在义务教育阶段主要是：使学生形成基本的美术素养；激发学生学习美术的兴趣；在广泛的文化情境中认识美术；培养创新精神和解决问题的能力；为促进学生发展而进行评价。在普通高中阶段主要是：体现时代性、基础性和选择性，满足发展的需求；理解祖国优秀艺术，尊重世界多元文化；注重学习方法过程，提高美术素养；强调创新精神，培养解决问题的能力；提倡质性评价促进个性发展等，并设置了内容系列、教学建议、评价建议和学分管理机制。这些基本理念在普通高中的课程目标是：学生以个人或集体合作的方式参与美术学习活动，进一步学习美术知识与技能，运用观察、想象、直觉和多种思维形式以及美术的方法进行艺术创造活动；学会分析、评价美术作品及美术现象，形成健康的审美情趣和审美观念；理解美术与其他学科之间的联系，并将美术语言运用于研究性学习之中；养成对美术终身爱好的情感，提高美术素养，热爱祖国优秀的文化，尊重世界多元文化。

总体上看，“美术课程总目标”即美术教学总目标是按照以下三个维度表述：知识与技能；过程与方法；情感、态度与价值观等。而普通高中的“课程目标”则提出了更高的目标要求和更多的学习内容选择。这些都体现了美术教育目的的要求。

其一，知识与技能方面。学生要学习美术欣赏和评述的方法，了解基本美术语言的表述方式和方法，努力形成美术素养等。

以往的美术教学，课时总量一般小学阶段约为216课时，初中阶段约为108课时，高中阶段更少，在规定的教学时间中，如何圆满完成教学大纲中对美术知识与技能的指令性要求，一直是中小学美术教师面临的困难。审美教育的重要性与美术课时的有限性，知识、技能传授的指令性要求与美术教学的特殊性矛盾一直较为突出。以往美术教学过于重视知识与技能，脱离学生的生活经验和实际需要，难以激发学生的学习热情和操作兴趣，知识技能系统“繁、难、偏、旧”等，成为基础教育的弊端，是课程改革应该着力改进的问题。美术课程总目标将知识与技能作为一个重要的目标维度，并不意味着我们可以不要知识与技能，而是要求我们在设立具体的教学目标时适当地降低其难度和要求，以体现美术教学的整体价值取向。

其二，过程与方法方面。学生要以个人或集体合作的方式参与各种美术活动，体验美术活动的乐趣，尝试各种工具、材料制作过程，发展美术实践能力等。

当代，知识的更新与淘汰呈现很快的变化节奏。面对社会的高速发展，人们难以准确预见学生今后所面临的择业机会和从事的工作，其职业会有什么样的变更，需要的是什么知识，使用何种工具，生产方式如何变化，将会遇到什么问题……但是，他们必将参与迫在眼前的世界性的竞争和挑战，要生存、要发展只有靠他们自己，只有知识技能构成的不断调整更新，才有可能立于成功之地，未来社会要求每一个社会成员要不断学习、终生努力。将过程与方法作为教学目标领域的一个重要方面予以强调，旨在培养学生的学习兴趣与学习能力，这是比单一地获取书本美术知识更为重要的学习。因此，通过美术教学，不仅要使学生获得知识与技能，更重要的是使学生在学习过程中，体验乐趣，尝试实践，发展能力，学会学习。

其三，情感、态度和价值观方面。学生要努力获得对美术学习的持久兴趣，激发创造精神，陶冶高尚的审美情操，完善人格等。

情感一般包括人的基本情绪以及道德感、理智感和美感等高级情感。态度是个人对他人或事物所持有的一种协调一致的、有组织的和习惯化的评价和行为倾向，由认知成分、情感成分和行为倾向组成。价值观是人们对人生价值的看法，作为人生观的组成部分，常指人对社会的价值评价。任何教育门类和形式都必须重视学生情感、态度和价值观的养成，这是教育目的所要求的。总体看来，教育活动中需要发展的情感、态度和价值观中包括两个方面，一是对社会的稳定和发展具有积极意义的，二是对个体的成长和幸福具有积极意义的。美术课程、美术教学主张这两种教育追求的统一，高度重视学生情感、态度和价值观的发展。

新型的课程性质与价值观赋予美术教学总目标即课程总目标以三个维度，美术教学应设立下限层次，将目标详细化、具体化，并通过教学活动予以实现。其中，学习过程与教学过程具有关键的地位和决定性意义。因为，在师生共同作用下，教学过程是促进教学活动的展开与发展的过程，是教学实施的轨迹；同时，学习过程是个体经验积累，包括经验的获得与保持，是个人内在能量的激发过程。“教”与“学”二者的有机结合才能完满地实现教学目标。可见，理解教学目标的三个维度，“过程”成为一个实实在在的基础。在教学目标的三维关系中，过程成为基础性、关键性的因素，若没有过程的落实与实施，一切教育目的、教学目标是没法实现的。

（二）义务教育阶段美术教学的阶段性目标

教学目标系统应由大小不等，但具有递进关系的一系列教学目标组合而成。一般包括教学总目标、课程目标、单元目标、课时目标等层次，各个下属目标都是上位目标的具体化。

传统式美术教学目标示意图：

义务教育阶段美术课程目标示意图：

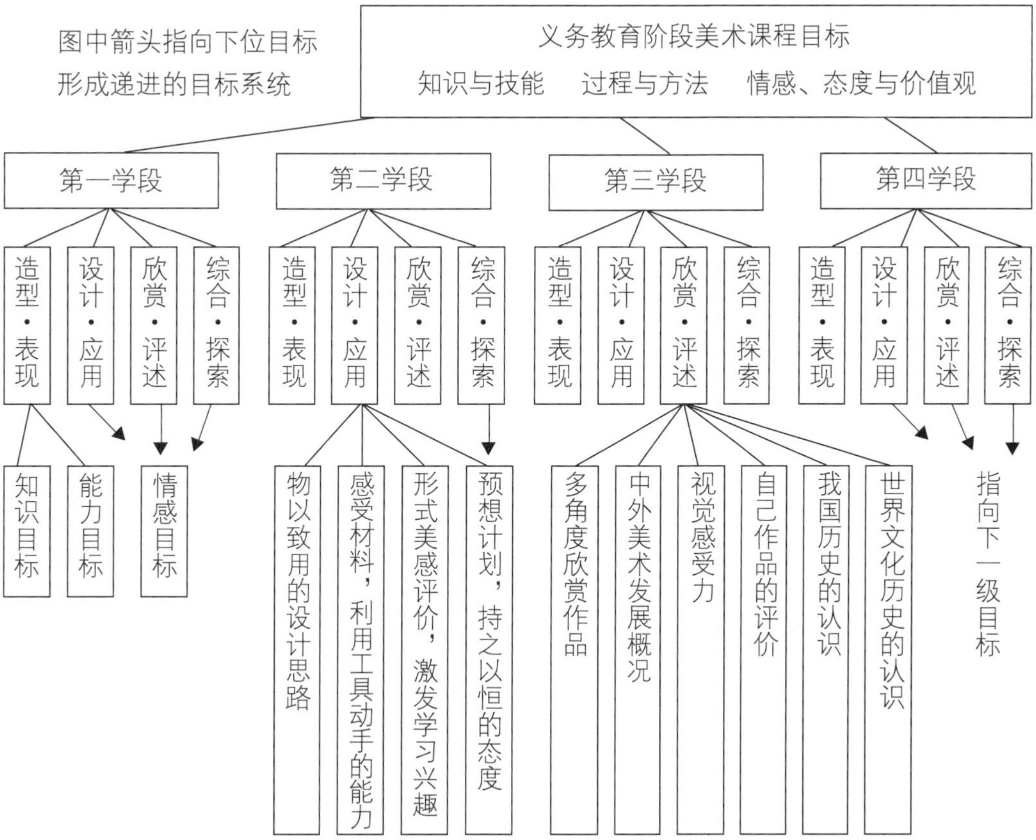

如图所示，美术教学总目标是教学活动最根本的目标，是期望学生达到的最终结果。课程目标是美术教学总目标在学校教学中的具体化，主要是根据美术教学特点，美术课程性质与价值，满足课程基本理念所制定的目标，在美术课程标准中有具体规定。单元目标是对该单元教学的具体要求，单元通常指各门课程中相对独立、相对完整的组成部分，具体体现课程目标。美术课的单元通常是由一个课题的一组教学内容组成。课时目标是单元目标的进一步具体化，是每节美术课应执行对照的教学目标，美术课时是美术教学活动的基本单位。

由于美术课程具有人文性质，美术教学具有综合价值和多维性质，美术学科的内容具有独特性。因此，本着实事求是的原则和基于传统美术教学的反思，充分考虑到美术学科的特性，注意美术学习的阶段性和教学活动方式的领域性，美术课程标准将义务教育阶段的美术学习大致分成了具有递进关系的四个学段。

每一个学段都包含有以“造型・表现”、“设计・应用”、“欣赏・评述”、“综合・探索”为活动方式的教学目标意向，每一个学习活动都会根据课时目标需要有所侧重地选择教学活动方式，每个学段的学习目标群都围绕这四个学习领域来表现和展开，学习领域之间形成可以相互渗透融合的关系，在不同学段的同一学习领域之间也能形成相互贯通、递进的关系。可见，这样的划分排除了单纯以学科知识体系构建教学目标体系的传统思路，是根据美术教育的学科特征，引进多维思考而做出的。于是就形成了以四个学习领域横向展开，以四个学段纵向递进的教学目标整体框架。

从学习领域作进一步递进、细化，进而拟定与落实具体的教学目标，对国家美术课程标准作了细化思考：

造型与表现领域，是指运用多种材料和手段，体验造型乐趣，表达情感和思想的学习领域，它从知识、能力和情感三个方面去设立和达到学生学习目标。其一，知识目标基本概括造型艺术语言的要素和原理；其二，能力目标则要学生体验学习过程，掌握学习方法；其三，情感态度目标突出艺术教育的特征，强调体验乐趣，产生兴趣，并形成一定的价值态度。在实际教学中，这三个目标是紧密联系、相辅相成的，不能孤立对待。为体现美术教学总目标精神，在该领域的教学中，我们应该关注学生活动方式，精心设计教学过程，创立学习情境，引导学生主动寻找与尝试不同的材料，探索各种造型方法，淡化过于强调学科特色的倾向，不以单纯的知识、技能传授为目的，而是贴近学生不同年龄阶段的身心发展特征与美术学习实际水平。其中，教学过程与方法成为实现教学目标的关键，知识目标、能力目标、情感态度目标都是在教学活动的过程中得以实现。

设计与应用领域，是指运用一定的物质材料和手段，围绕一定的目的和用途进行设计和制作，传递、交流信息，美化生活及环境，培养设计意识和实践能力的学习领域。它主要以培养学生形成设计意识和提高动手能力为目的。美术课程标准中指明学生应达到以下目标：其一，知识与技能方面：了解主要的设计类别和基本的设计原理，并运用设计和工艺的基本知识和方法，进行有目的的创意、设计和制作活动，发展创新意识和创造能力。其二，过程与方法方面：感受各种材料的特性，合理利用多种材料和工具进行制作活动，提高动手能力。其三，情感、态度、价值观方面：了解艺术形式美感与设计功能的统一，提高对生活物品和自己周边环境的审美评价能力，激发美化生活的愿望。其四，非智力因素品质方面：养成事前预想和计划的行为习惯及耐心细致、持之以恒的工作态度。因此，在这一学习领域的教学中，应该遵循认识发展规律，从学生实际出发，避免学科知识专业化倾向。教学内容的选择应贴近学生的生活实际，联系社会，加强趣味性、应用性，使学生始终保持学习的浓厚兴趣和创造欲望。

欣赏与评述领域，是指学生对自然美和美术作品等视觉内容进行欣赏和评述，逐步形成审美趣味和提高美术欣赏能力的学习领域。美术课程标准确立了学生应达到的三个方面目标：

其一，激发参与“欣赏·评述”活动的兴趣，学习多角度欣赏和认识自然美和美术作品的材质、形式和内容特征，了解中外美术发展概况。其二，逐步形成提高视觉感受能力，掌握运用语言、文字和形体表达自己的感受和认识的基本方法，形成健康的审美情趣，发展审美能力。其三，逐步形成崇尚文明，珍惜优秀民族艺术与文化遗产，尊重世界多元文化的态度。从这三个方面的标准看，教学中我们应该注意以下问题：其一，让学生积极参与到欣赏与评述的教学中来，激发其学习兴趣。其二，学习多角度欣赏美术作品，教师应丰富教学内容和教学方法，善于多角度提出问题，引导培养学生的灵活性、创造性。其三，了解中外美术发展的概况，接触人类文明成就，涵养学生的人文精神，理解艺术与社会、文化、宗教、经济、政治的关系，培养正确的历史感和尊重世界多元文化的态度。其四，在欣赏活动中，着力培养学生的视觉感受能力，加强学生的语言表述，将审美的眼光和语言的恰当表达相结合，有利于学生艺术素养的提高。其五，用形体表达自己对美术作品的感受和认识，给学生一个开放的表达方式，以此加深对美术作品的体验和印象。其六，认识优秀的民族艺术和文化遗产，认识其价值，及其在现代社会生活中的意义。其七，通过欣赏活动，培养崇尚文明的态度和价值观，这是所有文明社会公民都必备的。其八，引导学生正确地看待“地球村”，认识到由于种族、地域、宗教、意识形态的差异所导致的文化与艺术呈现的多元化的事实，积极地从世界上一切优秀的艺术与文化中汲取营养，构建一个多元化的艺术观念。

综合与探索领域，是指通过综合性的美术活动，引导学生主动探索、研究、创造以及综合解决问题的美术学习领域。国家美术课程标准为学生设了三个学习目标：其一，了解美术发展趋势，体会美感的多样性，拓展想象的空间，综合运用丰富多彩的美术媒材、形式、技能表达自己的创意，美化环境与生活。其二，了解美术学科与其他学科以及社会的关系，能灵活运用各学科的知识，设计探究性活动的方案，进行探究性、综合性的美术活动，形成综合学习的能力，培养创造精神。其三，以个人创造与集体合作的形式参与综合美术活动，发挥个性，学会合作，体验探究、发现的愉悦与成就感，激发美术学习的兴趣。设立以上目标的主要意向是为了融合美术学习各领域，与其他学科相综合，与现实社会相联系。是从美术学科的角度要求学生的认知能力、综合性应用美术知识和技能的能力以及美术实践能力得以发展；是从跨学科角度要求学生综合运用各学科知识，发展主动探究和创造精神；是从学习方式、情感、态度的角度主张让学生以获得情感体验为基础，激发学习动机，使学生的个性、合作精神得到发展。

课程总目标的分解与深入是制定以上领域具体目标的依据，知识与技能，过程与方法，情感、态度与价值观等目标维度的要求应在各领域中都有体现，在每一个学段中呈现递进关系。各领域目标的更进一步具体化必须体现在下一层的课时目标里，落实在每一个教学活动中。依据教材与具体的教学要求设计好课时目标，形成体系，是每一位任课教师的责任。

（三）义务教育阶段的美术教学任务

与其他学科相似，美术教学任务是美术教学作为实现美术教育目标的基本途径自身所应完成的任务。因为，教学任务是教育目的在教学活动中的具体体现，教学内容、教学方法、教学组织形式均为完成教学任务服务。教学任务是对教学内容的高度概括，通过有效的积极的教学组织，运用灵活的合理的教学方法去完成教育使命。它包括教学目的的指令性定向，教学目标要求的系统性规范，以及教学内容所包含的全部教育工作。

制定美术教学任务时也应与其他学科一样，要在教学任务中体现以下特点：

指定性　任务是由教学目的和目标方向所规定的。教学任务包含了教学目的指定的教育追求和教学目标要求，教学任务是完成教学工作的总和。

系统性　即是说不同的教学目的，不同层次的教学目的，就会相应形成不同层次的教学任务，形成具有递进关系的任务系统。

包容性　对整体而言，任务包容全部工作的使命；从局部来看，它也可仅限指某一项工作的内容和要求。任务的大小取决于目的大小和要求的高低，具有包容性。

我国义务教育阶段的美术教学的任务应该是：根据国家美术课程标准的要求，切实落实美术教学各层次各项目标，调动一切积极的美术教学方式、方法和手段，通过美术课程教学内容，充分体现课程的性质、价值、理念，在实际教学的全过程中实现美术教育目的。同样，根据我国高中阶段美术教学的目的、目标，也可划定其美术教学任务。总之，切实做好美术教学的全部工作，按要求做出成效，就是中小学美术教学的任务。

（四）普通高中美术教学的阶段性目标

由于兴趣、爱好和发展需求的不同，高中学生需要发展不同的美术能力。为了满足学生多方面发展的需求，普通高中美术课程设置了：美术鉴赏、绘画·雕塑、设计·工艺、书法·篆刻、现代媒体艺术等五个内容系列，由学生自主选择。据此设置了各个系列的阶段性美术教学目标或者叫“成就标准”，可成为学生在选择学分修习时的学习具体指标。

通过“美术鉴赏”的学习，学生能够：

积极参与美术鉴赏活动；懂得美术鉴赏基本方法，恰当地使用美术术语（如形状、色彩、空间、材质等），以自己的观点采用一种或多种方法描述、分析、解释和评价艺术作品，并与他人进行交流；运用多种方法或利用现代信息技术收集美术的有关信息；知道重要的美术家及其代表作品，了解中外美术的主要风格、流派；理解美术与自然、社会之间的关系，在文化情境中认识美术；热爱祖国优秀的传统文化，尊重世界多元文化。

通过“绘画·雕塑”的学习，学生能够：

积极参与绘画或雕塑造型活动；恰当地使用绘画或雕塑的术语，以自己的观点评论中外两件以上的绘画作品或雕塑作品；灵活地运用材料，选择适合自己的绘画或雕塑语言和相关技法，创作一件以上的绘画作品或雕塑作品，表达自己的情感和思想；以多种形式大胆地展示和交流，用口头或书面的形式对自己和他人的绘画作品或雕塑作品进行评价；在研究性学习中，学会处理一个绘画或雕塑与其他学科相联系的问题。

通过“设计·工艺”的学习，学生能够：

积极参与设计或工艺活动；恰当地使用设计或工艺的术语，从功能和审美的角度，以自己的观点评论中外两件以上的设计作品或工艺作品；了解设计基础和主要设计类别的常识及基本技法，建立初步的设计意识；灵活选用身边的材料，运用各种工具和加工方法，根据功能和审美的要求，有创意地完成一件以上的设计作品或工艺作品；以多种形式大胆地展示和交流，用口头或书面的形式对自己和他人的设计作品或工艺作品进行评价；在设计与制作活动过程中表现出耐心、专注和计划性；在研究性学习中，学会处理一个设计或工艺与其他学科相联系的问题。

通过“书法·篆刻”的学习，学生能够：

积极参与书法或篆刻活动；恰当地使用书法或篆刻的术语，以自己的观点评论古今两件以上的书法作品或篆刻作品；识别三种以上的书体，例如，楷书（颜体、柳体、欧体等）、行书、隶书等，或篆刻的风格特征，了解我国书法发展的基本轨迹及与传统文化的关系；初步掌握一种书体的书写规范或篆刻的一般技法；创作两件以上的书法或篆刻作品，表达自己的思想和个性；以多种形式大胆地展示和交流，用口头或书面的形式对自己和他人的书法作品或篆刻作品进行评价；在研究性学习中，学会处理一个书法作品与其他学科相联系的问题。

通过“现代媒体艺术”的学习，学生能够：

积极参与现代媒体艺术活动；恰当地使用美术及相关的术语，从观念、创意、制作技巧等方面，以自己的观点评论中外两件以上的现代媒体艺术作品；了解相关的现代媒体设备和器械的基本特点，并能独立操作现代媒体设备和使用相应软件；发现生活中有意义的题材，并用现代媒体艺术的形式加以记录或表达；充分利用图像资料库和网络资源；有创意地完成两件以上的现代媒体艺术作品，表达自己的情感和思想；以多种形式大胆地展示和交流，用口头或书面的形式对自己和他人的现代媒体艺术作品进行评价；理解现代媒体艺术与其他学科之间的联系，并将其运用于研究性学习的表达和展示之中。

（五）普通高中阶段的美术教学任务

由于教学的程度和要求不同，普通高中美术课程和教学目标的设置与义务教育阶段也有所不同，《普通高中美术课程标准》的教学安排与阶段性目标呈现出如下新特点，而正是这些特点决定了普通高中阶段的美术教学工作的具体任务。

其一，设置内容系列，提供多种选择机会。正如前面所述，为了满足学生多方面发展的需求，普通高中美术课程设置了美术鉴赏、绘画・雕塑、设计・工艺、书法・篆刻、现代媒体艺术等五个内容系列，由学生自主选择。

其二，实行学分管理，保证基础，力争拓展。普通高中美术课程实行学分管理，通过设定必修学分，让每个学生都能达到基本的美术学习要求，在义务教育美术课程学习的基础上进一步提高自己的美术素养。具体方法如下：

1. 选择一个模块，修习 18 学时可获得 1 个学分，每个学生必须修习美术课程 54 学时，以获得规定的 3 个基本学分。

2. 尽可能尊重学生的自主选择，但原则上以修习1个学分作为继续选修和转换学习内容的基本单位。鉴于“美术鉴赏”对高中学生形成美术鉴赏能力、提高审美素养具有主导性和基础性作用，建议在3个基本学分中采取“1+2”的选课策略，即学生先选修“美术鉴赏”获得 1 个学分，再在其他内容系列中任意选修两个模块内容获得另外 2 个学分。

3. 在取得必修的3个学分的基础上，学生可根据自己的兴趣和需要继续修习以获得其他学分。所选模块不加规定。

当然，高中美术课程的新特点不少，但比较突出的是：向学生提供具有选择性的多种学习系列（模块），采用学分管理。学生在完成基本学分的前提下，可以进一步通过学习获得其他学分，从而使学生可以在美术学习上获得更深入的体验，取得更具体的收获。

明确了美术教学目标和教学任务，我们还会发现，这些都是被教育目的所规定，都是为实现教育目的服务的，即“培养社会需要的全面发展的现代化建设人才”才是最终的教育目的和培养目标。总之，明确了美术教育的目的、美术教学的目标，依此，我们就可以划出美术教学的任务。所以，我国中小学阶段的美术教学的任务应该是：根据国家美术课程标准的要求，切实落实美术教学各层次的各项目标，调动一切积极的美术教学方式、方法和手段，通过美术课程教学内容，充分体现课程的性质、价值、理念，在实际教学的全过程中实现美术教育目的，切实做好美术教学的全部工作，按要求做出成效，就是中小学美术教学的任务。

复习思考题：

1. 中小学美术教育目的包括哪些方面内容？
2. 中小学美术教育的美育目的主要体现在哪些方面？
3. 确立美术教育目的的基本依据是什么？
4. 举例说明中小学美术教育是如何发挥德育和智育功能的？
5. 个体对美术教育的需要可归纳为哪些方面？
6. 请阐述中小学美术课程总目标和制定目标的维度。
7. 普通高中的课程目标有哪些内容？
8. 普通高中美术课程实行学分管理运用了哪些具体方法？

第二课　中小学美术教学与素质教育

课程名称： 中小学美术教学与素质教育。

授课时数： 五至八学时。

教学目标： 了解素质、素质教育、美术教学等教育理念。

教学重点： 素质教育、中小学美术课程价值与学生能力培养理论。

教学难点： 素质教育与学生能力培养理论。

作业要求： 详见本课后的“复习思考题”。

第一讲
素质教育的基本理念

一、素质与素质教育特征

美术教育是学校教育的组成部分，是素质教育的重要内容之一。从人的全面发展的理论高度来探讨美术教育的本质，有助于推进中小学美术教育的快速发展。因此，中小学美术教育质量的优劣在很大程度上取决于全体教师对素质教育的研究和实施，而加强对素质教育研究的首要问题，就是对于素质和素质教育的理解。

素质，狭义的原指人的先天的解剖与生理特点，包括神经系统、感觉器官和运动器官的特点，其中人脑的特点尤为重要。它们是通过遗传获得的，所以又称遗传素质。广义的素质，其含义已经超越了遗传特征的局限，在应用范围上，它既可以指个体，也可以指群体的质量或性质，如"学生素质"、"教师素质"、"运动员素质"等，包括思想道德的、科学文化知识的、劳动技能的、身体与心理的素质等。这些素质是通过教育和环境的影响形成的，所以又称后天形成素质。先天获得的遗传素质是形成后天素质的物质基础，后天的教育与环境影响是先天遗传得以发展的条件。因此，我们可以将人的素质归纳为：个体的先天禀赋以及在此基础上，通过环境和教育影响所形成和发展起来的相对稳定的身心组织的要素、结构及其质量水平。

素质教育的定义是：素质教育是教育者基于个体发展和社会发展的需要，利用各种有利条件，通过各种有效途径，以适当的方法引导全体受教育者积极主动地最大限度地开发自身的潜能，提高自身的整体素质，并实现个性充分自由发展的教育。因此，以学生为中心，掌握多种知识为手段，发展学生的个性和能力，形成高尚的人格是素质教育的目的。其中，学会生存、学会学习、学会发展、学会做人、学会健体、学会审美、学会劳动、学会共同生活成为素质教育的核心。

素质教育有如下几方面的特征：

（一）主体性的内化功能。主体性是素质教育的核心和灵魂。它包括的要点有：尊重学生在教学过程中的主体性地位和作用，培养学生的自觉性、自主性和创造性；尊重学生的独立人格、个性价值和独特品质，把学习的主动权交给学生。充分引发学生的学习兴趣，激励学生积极主动地参与学习活动。素质教育的主体性内化功能是学生主体主动地进行的，外在的影响只有通过主体的内化，即变客观经验为主观经验，并形成相应的能力，进而成为稳定的心理特征，才能形成素质。学生的主体作用是由教学过程的本质所决定的，教学过程应当是学生在教师指导下的自主学习过程。教师的主导作用就是把学生自主性的学习活动组织起来，调动学生积极参与教学活动的兴趣，通过主体性的内化促使学生个性自由发展，形成学生相对稳定的素质。

（二）教育对象的全体性和集体性。实施素质教育是为提高整个民族素质打基础的，而提高全民族素质就必须面向全体学生，使每个学生具有作为新时代合格公民所应具备的基础素质。同时，素质不仅表现为个性，也表现为群体，提高民族素质不仅要提高每个公民的素质，而且要提高全体公民的群体素质。实施素质教育，要注重培育和弘扬民族精神，注重进行集体心理、风气和集体主义教育，把学生集体的精神风貌作为教育的一个重要对象。因此，素质教育必须坚持面向全体全面发展。所谓全体性有广义和狭义之分。广义的全体性，是指素质教育必须面向全体人民，每一社会成员都必须通过一定途径，接受一定时限、一定程度的基础教育。狭义的全体性，则是指为全体适龄儿童敞开接受正规的基础教育大门。这种广义的和狭义的全体性，是素质教育最根本的要求，最本质的规定。

（三）教育内容的基础性。在教育内容要求上，要从最基本的、必需的、对今后发展有一定影响的方面去培育人、发展人，为他们学习做人和进一步学习乃至提高民族素质打好基础。不过，基础教育不是直接出人才而是为未来人才的成长奠定基础的教育。素质是人的一种基础的、基本的品质，基础教育则是提高民族素质的奠基工程。基础教育要在三个方面打好基础：一是为学生身心健康发展打好基础，为他们的生活、做人着想，使他们的智力、非智力因素及体质各个方面得到发展；二是为学生今后进一步学习打好基础，这包括接受职业技术教育、高等教育及至终身教育；三是为学生就业打好基础，不仅是指普通教育中要有职业技术教育，而且要求从小培养学生的职业意识，为就业打好基础，包括就业思想上的准备和知识技能上的准备。但是，素质教育向学生提倡的只能是基础素养，而不是职业素养或专业素养；是让全体学生拥有美术文化学识，而不是成为“画童”或“小画家”。

（四）教育空间的开放性。素质教育的教育空间具有开放性，它主要包括两方面要点：一是由于素质教育涉及学生的全面发展，教育不再局限于课堂和书本知识，应有相应宽广的教育空间和多样化的教育渠道，重视利用自然资源与社会资源，开展丰富多彩的活动；二是课堂已不再是单纯地灌输知识和机械地强化训练的场所，素质教育要求教育突破校内、课堂内和书本内的局限，建立起学校教育、家庭教育和社会教育三者结合的教育网络，建立学科课程、活动课程和隐性课程相结合的课程体系，灵活安排与适当组合生动活泼的开放性教育场所，使教育内容、教育空间、教育渠道具有开放性。

（五）教育目标的全面性。教育目标的全面性是由人的发展需要和社会发展需要所决定的，它有两个要点：一是学生的基本素质必须得到全面和谐的发展，即自然素质、心理素质和社会素质三方面应当全面发展，既要保证全面发展，又使其个性得到充分发展；二是保证全体学生全面和自由共同发展，又允许群体中的个体之间的发展存在相对的差异性。全面发展并不等于每个学生都均衡发展，而应该是使每个学生在外部环境提供的条件基础上获得最大限度的发展。素质教育强调学生素质的全面发展，重视自然素质、心理素质和社会素质的互相联系、互相渗透与制约，必然促进学生全面和谐地发展，并促使学生个性自由发展，进而成为对他人和社会有益的人。

（六）教育价值的多元化。素质教育的价值取向是多元化的，素质教育首先满足学生个体生存与持续发展的需要，不仅使学生得到知识和认知技能的教育，而且将能力、态度、情感、价值观和行为的教育放在重要的地位，其中的主要内容可用八句话来概括：学会生存、学会学习、学会发展、学会做人、学会健体、学会审美、学会劳动、学会共同生活。与此同时必须充分尊重、信任、关心和理解每一个学生，鼓励每一个学生积极参与活动，给每一个学生提供思考、创造、表现和成功的机会，相信所有的学生都有发展的潜能，可使其个性得到充分自由的发展。

二、素质教育的一些重要观念

·培养高素质人才，实现基础教育目的。“教育要面向现代化，面向世界，面向未来。”“坚持教育必须为社会主义现代化建设服务，为人民服务，必须与生产劳动和社会实践相结合，培养德、智、体、美等全面发展的社会主义建设者和接班人。”为此，教育者应当时时关注：社会发展到底需要什么样的人才，教育如何促进人的发展；教育者应当常常深思：我们的学生必须具备什么素质以应对未来。我们培养的学生要具有良好的思想政治素质和道德修养，具有可贵的创新精神和实践能力，具有健康体魄和良好的心理素质。

·育人为本，应当成为全体教育工作者的基本信念。教育的根本功能是促进人的成长与发展，素质教育必须以育人为本。教师应当注意体会：只有培育学生的品德与修养，保护他们的自尊与自信，激发他们的梦想与激情，才是教育的最好成就。培养兼备高尚品德与聪明才干、“创新精神”与“实践能力”，具有鲜明个性且善于合作的一代新人，是时代对教育的要求，是社会对教师的期望。

·相信每个学生都能成才。每个人都有要求进步的愿望，每个人都有丰富的潜能，每个人都有自己的智能优势。每个学生都有才，通过良好的教育和训练，每个学生都能成才、成功，这是教育的本义和真谛。基础教育，尤其是义务教育的宗旨是促进教育的广泛普及，那种选拔少数学习尖子、淘汰大多数普通学生的教育模式，必须给予根本性的改造。

·终身学习，将成为未来每个社会成员的基本生存方式。终身学习是当今社会发展的必然趋势，一次性的学校教育，已经不能满足人们不断更新知识的需要。教育必须适应未来社会对各类人才的基本要求，重在培养学生成才的基本素质，使学生具有终身学习的愿望和习惯，具有发现、研究和解决问题的兴趣与能力，具有收集、交流、处理、使用信息的意识与技巧，为他们日后走向社会、融入社会、服务社会，打下宽厚扎实的基础。

·美术教学应当成为培养创新精神和创新人才的平台。中小学教育主要是为学生成为创新人才打好基础，做好准备。要使学生敢于思考，善于思考。美术教学应当注重学生自己的思维过程，而不能仅仅提供前人的思维结果。这就要求教师善于创设开放的教学情景，营造积极的思维状态和宽松的思维氛围，肯定学生的“标新立异”、“异想天开”，努力保护学生的好奇心、求知欲和想象力，进而激发学生的创新热情，形成学生的创新意识，培养学生的创新精神，训练学生的思维能力。

·读书是学习，实践是更重要的学习。教育与社会实践相结合，具有重大战略意义和现实意义。学生动手能力较差、实践能力明显不足的问题依然存在。学以致用，永远是教育的直接目的。因此，美术教学给学生提供更多的动手机会让学生参与更多的社会实践，酸甜苦辣都有营养，成功失败都是收获。尊重学生属于自己的体验，让他们走出自己的生活世界，体验生活，即使是失败，也可能成为终身受益无穷的财富。

·面向全体，切实关怀每一个学生。面向全体，实质是面向有个体差异的学生们。要求教师关怀每一个学生，使所有的学生都在原有基础上得到充分发展，得到新的提高。承认个体差异，贯彻“因材施教”的原则，面向全体的要求才能落到实处。没有不可教育的学生，只有不善教育的教师。正确地判断每个学生智力才能的不同特征及其发展潜质，是教育智慧中极为重要的部分。

·让每个学生德、智、体、美诸方面素质获得和谐发展。教育的本质就是育人，教育要为人的全面发展服务。要正确引导和帮助青少年学生健康成长，使他们能够德、智、体、美全面发展。人的身心是一个和谐发展的整体，人的认知、情感和意志应该互相支持、协调发展。教师不能只重视智育而轻视德育，忽视美育和体育。智力因素是学生发展的基础，非智力因素是学生发展的动力。教育在传授知识的同时，不能忘记塑造人格，教师在关心学生学习成绩的同时施教，承认差异，扬长避短，人人都会展现出独特的才华。

·改进美术教学方式，促进学生个性的健康发展，让每个人的个性得到充分自由的发展，同时，更要关注学生的内心世界。每一个学生都是一个珍贵的生命，每一个学生都是一幅生动的画卷。教师应当体会儿童生命的最大丰富性和主动性，关注学生成长与发展的每一点进步，帮助学生发现自己、肯定自己。要让更多的孩子有所选择，让更多的孩子能够表现，让更多的孩子陶醉在成功的喜悦中，让更多的孩子拥有健康的心态、健全的人格和自信的人生。

·能使学生生动活泼主动发展的教育，才是成功的教育。素质的形成是一个持续不断的内化过程，内化的不可替代性，决定了教育活动必须充分发挥学生的主体性。头脑不是一个被填满的容器，而是需被点燃的火把，美术教师的责任就是点燃火把，让它燃烧。学生应该是能发光的灯，而不是存储燃料的瓶。美术教师不应做学生思维的保姆，而要让知识成为学生自己思考的果实。

·课程的价值在于促进学生知识、能力、态度及情感的和谐发展。人类积累的文化财富浩如烟海，教科书中的知识信息不过是沧海一粟。教材、教室、学校并不是知识的唯一源泉，大自然、人类社会、丰富多彩的世界都是人生的教科书。

教师备课的关键在于尽可能充分地了解每个学生，了解他的认知基础、认知水平和认知特点。授课的过程，不仅要帮助学生储备知识，更要指导学生掌握探求知识的方法，体验发现、发明直至创造的感受。

·关注信息技术的广泛应用，适应信息社会对教育的要求。随着21世纪的来临，以计算机和互联网为代表的当代信息技术，正以惊人的速度改变着人们的生存方式和学习方式。适应数字化生存新环境，正在成为每个公民必须具备的基本生存能力，成为每个社会成员能否进入信息时代的“通行证”。使学生从小养成一定的信息素养和收集、处理信息的能力，具有历史性意义。国际互联网是人类智慧的联网。计算机是思维的工具，是人脑的延伸。给学生创造最有利的信息环境，培养和提高学生获取、加工信息的能力，则是教师教学工作的基本任务。美术教学应积极探索应用信息技术，培养学生创新精神和实践能力的方法与途径。

·研究教法首先要研究学法，这样才能从以“教”为中心转向以“学”为中心。“让学生学习什么”和“让学生怎样学习”具有同样重要的意义。如果在学生走出美术课堂后，变得讨厌美术、厌恶绘画的话，就说明我们的美术教学失败了。为此我们必须认真研究：什么样的做法妨碍了学生热爱学习，什么样的方式可以促进学生取得最佳学习效果，美术教学应当有哪些改进。知识和技能，过程与方法，情感、态度及价值观，是“学习”内涵的三大要素，对文化的认同，对学习的热爱，对研究的痴迷，是影响学习效果的基础性条件。

·研究性学习的意义，在于引导学生改变学习方式。要适应信息时代学生学习的特点，不仅需要改造美术教师的教法，还要引导学生改变学习的习惯、方法、态度和精神。实施以创新精神和实践能力为重点的素质教育，关键是改变学生单纯接受教师知识传输的学习方式，帮助学生形成一种主动探求人类文化知识，积极解决实际问题的学习方式。通过美术课教学和活动，组织、指导学生开展研究性学习，激发学生发现问题、提出问题、研究问题、解决问题的动机，让学生掌握学习策略，懂得学什么、何时学、何处学、为什么学和怎样学的问题，已经成为时代赋予美术教师的崭新课题。

·在学习中学会合作，在合作中学会生存。合作意识与合作能力要在学习中培养。营造师生共同学习、探索和研究问题的环境氛围，建立对话式、交互式的教学模式，正在成为美术教师从业的必备素质。我们的美术教学活动应该努力创设合作式学习的情境，切实为学生养成合作意识与发展协作能力搭建舞台。让学生在充满合作机会的个体与群体的交往中，学会沟通，学会互助，学会分享。既能够尊重他人、理解他人、欣赏他人，同时也能使自己更好地得到他人的尊重、理解与欣赏。

·美术教师的才干不仅表现于渊博的学识和精深的技能，还要善于为学生营造宽松愉悦的成长环境。美术教师要善于为学生营造宽松愉悦的学习环境，这比学识、技能是否渊博和精深更为重要。课堂效率的提高，直接决定着课业负担的轻重，决定着学生课外活动时间和空间的拓展。美术教师的教学活动，应当善于将“要你怎样”，转变为“我要怎样”，从而指导学生在“自己说服自己，自己感受自己，自己战胜自己”的体验中，从他律走向自律，从自律走向自觉，进而走向成功，走向成熟。

·失败是成功之母，成功更是成功之母。但屡遭失败容易导致青少年学生的自我否定，实践证明，相信“成功是成功之母”，更加符合成长中学生的实际。成功者的行为模式往往是创造机会，追求卓越，继而走向更大的成功。体验成功，是培植自信的最好方法。失败与成功本身，都是孩子的成长中必须面对的经历，关键是学生能否从中获取做人做事的教训，从中感悟解决困难、战胜自我的经验，从中增强继续努力争取成功的信念。成长需要激励。学生最期待教师公正的评价和积极的肯定。教师拿起表扬的武器，就能减少学生失败后的灰心，增加学生成功后的信心。

·最大限度地理解、宽容、善待学生。未成年的学生正处在身心发展阶段，是非观念尚未成熟，对一些问题有不正确的看法或错误的做法，是难免的，青少年儿童向善向上的本质，需要加以保护。教师不能因为孩子犯错误就把他当做坏孩子。学生的错误，大多是心理问题，而不是道德问题。孩子的行为动机往往是纯真的，也许是好奇心、表现欲所导致的行为过失，不能轻易或者盲目地定性为道德品质问题。

·教育重在师生间相互信赖，信赖取决于民主平等的沟通。只有尊重学生，才能教育学生。没有尊重，就不可能有真正意义上的教育。教师应该学会“蹲下来跟孩子说话”。师爱的最高境界是友情，师爱的基础条件是平等。在学生心目中，亦师亦友，民主平等，是“好教师”的最重要特征。教师的言语、行为、情趣、人品是影响学生发展成就的关键因素。以心灵感受心灵，以感情赢得感情，才是教师从教的基本功。

·教师应当有爱的情感、爱的行为和爱的艺术。在基础教育阶段，儿童少年处于生命中最主要的集中学习时期，他们缺乏社会经验，各方面处于形成阶段，有着多方面的需要和发展，充满生命活力和潜力。这段时期的教育影响，远远超过其他阶段而扩展到终身。因此最需要优秀和出色的教师——懂得珍爱生命，懂得儿童少年时期对于生命的独特价值，并善于开发其生命潜力。

·评价不是为了排队，而是为了促进发展。中小学生认识自己与认识世界一样，需要经历模糊到清晰、浅显到深刻的过程。教师的评价是他们赖以感受成长的喜悦、烦恼或挫折的主要参照物。教师的积极评价，会有效地改变学生自我认知的倾向性、自主行为的调控力，以及认知动机、风格和技能，使学生的实际发展状况比预见的更好。

·多一把衡量的尺子，就会多出一批好学生。脑科学及许多相关科学成果提供的证据表明，人的神经系统高度分化，人类的智能具有多元性。现代心理学有一种提法，至少有七种智能在个人发展和人类社会发展中起了重要作用，它们是：语言、数学逻辑、空间、音乐、身体运动、人际关系和自我认识能力。在现行的学校教育和教育评价中，往往只偏重于前两三种智能，不利于多方面、多角度地发现和培养人才。

教育必须尊重学生的差异性，日常的教学活动中，应当尽可能设计不同的评价标准和方法。必须具有多样性教学评价主体，评价的指标也应当多元化。“多一把衡量的尺子，就会多出一批好学生”，评价项目多一点，就可能多出一批各有所长的好学生。

·不当“教书匠”，要做教育家。教育是民族振兴的基石，是青少年成人成才的保障，也是教师成就自我的事业。教师应当努力成为教育目的的实现者，教学活动的指导者，教学方法的探索者，教育活动的创造者。

美术教师成长的重要途径是参与教改实践活动，在教育科研项目中去体验研究性学习，在美术教学方法的研究过程中，养成探索的思想态势和创新的精神境界。切实改进教育教学的行为模式，使课堂焕发出应有的生命活力。美术教师要成为研究者，成为美术教学改革的积极推进者。

第二讲
如何在教学中体现美术课程的价值

中小学美术教学中课程的价值主要体现在哪些方面?《中小学美术课程标准》对九年义务教育阶段美术课程的价值作了如下确认：陶冶学生的情操，提高审美能力；引导学生参与文化的传承和交流；发展学生的感知能力和形象思维能力；形成学生的创新精神和技术意识；促进学生的个性形成和全面发展。这些价值在教学活动中有如下体现：

·陶冶学生的情操，提高审美能力。情感是人对待周围现实和对待自身态度的一种稳定而持久的体验。情感性是美术最重要的特性之一，美术是人类情感的温床，是情感交流的场所。美术中的形、色、质是人类情感的载体，是作用于人的感官的直观形象与符号，容易唤起人的情感体验。情感性同样是美术课程的重要性质，是激发学生学习美术的动力，不仅如此，美术课程本身就直接处理学生的情感、态度。美术课程不仅使学生的不良情绪得以释放和宣泄，恢复他们心理的平衡，而且有益于学生情感的不断升华。

·引导学生参与文化的传承和交流。美术是人类文化最早和最重要的载体之一，运用美术形式传递情感和思想是整个人类历史中的一种重要的文化行为。美术是一种分享人类经验的特殊方式，是一种特殊的语言。美术也是一种人与人交流的手段，就像人们用语言传达思想一样，人们也可用美术交流情感。哲学家黑格尔将美术尊崇为各民族最早的老师，在人类文明的发展史上，美术是记载和传播文化最好的载体之一。文字出现以后，美术作为语言的功能似乎有所下降，但因其具有自己的独特性，始终未能被取代。尤其是计算机多媒体技术的发展，社会生活节奏的加快，图像作为一种传达与交流的语言，其作用益发突显，我们现在的时代被称为“读图时代”。

对美术课程的学习，有助于学生熟悉美术的媒材和形式，理解和运用视觉语言，从而使他们更多地介入信息交流，共享人类文化的资源，并积极参与文化的传承对文化的发展作出自己的贡献。

·发展学生的感知能力和形象思维能力。感知能力是人类存在和发展的基本能力，每个人情感的生成，智慧的发展，都是建立在基本的感知能力的基础之上的。而人的感知系统中，尤以视觉的作用最为巨大。

培养学生视知觉能力，是我们的教育的一项不容忽视的任务。美术是诉诸视觉的艺术，所以在我们的教育体系中，唯有美术教学在训练人的视知觉方面效果最为明显，它使学生对视觉现象产生广泛而强烈的兴趣，使学生的视觉灵敏、快捷，有效注意的时间延长，分辨层次变得丰富，从形式中获取对应感情的能力增强。

形象思维与逻辑思维一样，是人类的一种重要的思维能力，而且被认为是与人的创造能力有着密切关系的一种思维方式。一个人的形象思维能力与其形象的储存有关，一个形象思维能力强的人肯定是一个形象储存丰富的人。形象思维是艺术活动，尤其是美术活动中的基本思维方式之一，所以美术课程不仅能帮助学生有效地丰富形象储存，而且能训练学生形象思维的能力。

·形成学生的创新精神和技术意识。技术活动是人类最基本、最普遍的活动，直接创造了人类的精神世界和物质世界。技术活动必须依赖人的不同器官的协调运作，需要在具体时空环境中直接处理物质材料，而且需要相应的心理素质，诸如果敢、坚毅、灵敏和细致等。美术课程对学生实践操作能力的训练能使学生获得最一般的技术操作程序和技术发展意识。

在人的一生中，美术活动是我们接触的最早的操作活动之一，大多数人在童年就开始进行画画和塑造活动。这使得美术课程在学校课程体系中具有作为技术训练和培养技术意识的基础性作用。学生通过对美术的学习，获得了一种初步的技术意识，就可能为他们将来从事技术性的工作提供一般的模式等，对今后的工作或学习产生积极影响。

·学生的个性形成和全面发展。个性指的是个体特有的特质模式及行为倾向的统一体。个性是一个人区别于其他的人的特殊性，我们的社会之所以如此丰富，正是由于存在着丰富的个性差异。保护这种差异其实就是保护社会的丰富性。丰富而自由的个性也是一个社会之所以具有丰富创造力的根本原因，没有个性的存在，没有个性表现的自由，就不会有创造力。

第三讲
让学生在美术学习的快乐中成长

美术学习是快乐的，要让学生在美术学习中快乐成长。中小学美术学习在全面推进素质教育的精神和一系列先进的教育思想理念的关照下，依照中小学美术课程标准要求，实现美术课程的价值，在全新的美术教学追求和教育模式下，审美的愉悦、活动的快乐，洋溢在学习的全过程，用心灵去体验、用情感与形象思维去把握。因此，美术学习可以是快乐的，也应该是快乐的。同时，中小学美术学习的快乐特性，还体现在通过美术教学回答“美术教学能给学生们些什么？培养他们什么能力和品质？”等这些根本性问题。通过美术学习要让学生体验成功，学会审美，增长各方面的能力和素质，达成教育和教学目标，成为全面发展的一代新人。

一、美术能力的形成与发展

心理学认为，能力是直接影响活动效率并使活动能够顺利完成的心理特征。人的能力分为一般能力和特殊能力（包含创造能力），美术能力则是这些能力的综合体现。美术能力的形成与其他能力一样，是在掌握美术知识和技能的长期艺术实践活动中发展起来的。因此，环境、教育和实践是美术能力发展的决定性因素。美术能力不是自然发展的结果，而是教育的结果，19世纪以来，许多美术教育家探讨了儿童美术发展所经历的某些阶段，在这些顺序相关的阶段中，揭示了人的美术能力发展的规律性。为了全面认识美术能力发展阶段的规律和特点，以下介绍几位艺术教育家对美术能力发展阶段的划分，从中可以得到不少启示。

・美国美术教育家艾斯纳的美术能力发展阶段：

第一阶段：机能性快感阶段。幼儿对材料的使用主要是在其过程中获得自我满足与实现，而非将材料作为传达的工具。第二阶段：图画记述阶段。把3至4岁分为“创造象征世界”的意象，具有说故事特征，并以简化的、平面的与二次元的形式图画记述。4至9岁可运用材料创造视觉形式，传达理念。第三阶段：再现阶段。9至10岁的儿童首次对自己的艺术表现感到不满而需求帮助。他们的兴趣不仅是传达理念，更迫切需要透视法则和再现的技巧。第四阶段：灵感与表现阶段。在青春前期儿童开始注意作品的美感，这是儿童要达到的最高阶段。认为“美感满足”不同程度地存在于各个阶段中，在第一个阶段中来自参与自身；在第二阶段中来自视觉的故事性；在第三阶段中主要关注形式美感和艺术表现。

·德国学者克尔胜斯代纳的儿童美术发展阶段：

第一阶段：实验前期（涂鸦期）。此时只能画人物的局部，但缺乏系统和秩序。第二阶段：定型图式期。以图式表现对象，如以圆圈代表人或动物，但缺乏空间感觉。第三阶段：线与形色期。儿童此时能分辨线条、形状和色彩。第四阶段：平面画期。基本上能将自己的眼睛所看到的画出来，但不能精确表现远近大小和明暗等。第五阶段：立体画期。能辨别长宽深三度空间，并能表现立体世界。

·美国幼儿教育家麦卡德的儿童绘画发展阶段：

第一阶段：涂鸦期。纯粹是满足自己乱涂乱画的愿望，画的是什么并不重要。第二阶段：象征期。以图形象征某些东西，尚不能准确表现对象的客观面貌。第三阶段：定型期。能表现对象的某些特征，但不能正确表现立体感及明暗。他们的画表现了他们所知的特征而不是实际见到的特征。第四阶段：写实期。这是儿童绘画发展的最高阶段，除了已能正确画出事物的形状外，还注意了透视、明暗、气氛、结构等方面，并追求一定的审美性。

·英国美术教育家自特的儿童画进化阶段：

第一阶段：错画阶段（2至3岁，3岁为顶峰）。包括无目的铅笔画→有目的铅笔画→模仿铅笔画→部位的错画。第二阶段：画线阶段（4岁）。视觉的控制已有进步。人像成为最有兴趣的画题，以圆为头，点为眼睛，两条单线为腿。很少补上另一个圆作为身体，也很少见以两条单线为臂。各部分完整的结合是难以得到的。第三阶段：图形象征主义阶段（5至6岁）。人像以概略的象征性图像出现，其特征较为粗陋。第四阶段：图形写实主义阶段（7至8岁）。儿童画下了他所知道的，不是他所见到的。想传达和表现他所感兴趣的特征，图式趋于装饰细节。第五阶段：视觉写实主义阶段（9至10岁）。经过了记忆和想象作画的阶段之后，达到根据客观描绘的阶段。此阶段分为：两面期——只用轮廓；三面期——尝试体积。第六阶段：抑制阶段（11至14岁）。自特认为这是儿童自然发展的一部分，通常在13岁，进步缓慢而艰辛，美术兴趣衰减，常常有沮丧感和挫折感。第七阶段：艺术的复现（青少年早期）。大约15岁开始，绘画第一次绽开了花朵而成为真正的艺术活动。但也许很多人永远达不到这最后的阶段。

·美国美术教育家罗恩菲德的美术发展阶段：

第一阶段：涂鸦期（自我表现的第一阶段），2至4岁。通过下列过程开始自我表现：无控制的涂抹；重复性运动的控制；开始命名绘画形式；能画出非眼前物体与事件；结果——绘画成为概念和情感的记录。第二阶段：前图式期（样式化的前阶段），4至7岁。在自我意识基础上用符号表示人。画其所知而非所见，用透明或X光画表示所知的存在。第三阶段：图式期（样式化阶段），7至9岁。形成符号程式即形体概念的形式——人物样式和空间样式。第四阶段：写实萌发期（理智萌芽阶段），9至11岁左右。注意到透视现象，并获得表现能力。对集体和小组活动感兴趣，即所谓“帮派年龄期”。第五阶段：伪自然主义期（推理阶段），约12至14岁，也称“理性期”或“写实期”。喜欢戏剧性和想象活动，试图精确表达透视。用色彩表现情绪，自我评价能力显著增强。第六阶段：青春危机期，约13至16岁，也称“高原期”。此时学生的创造表现停滞，多数丧失美术学习的兴趣，少数人能摆脱危机期。第七阶段：青春期，约16至18岁。此期绘画强调完整性，既不愿画儿童画，亦未达到成人画的完整。

从上面几位学者的阶段划分来看，虽然有的分为4段，有的分为5段，有的分为7段，其阶段名称也各不相同，但是从阶段内容来看基本是一致的，只不过划分的粗细不同而已。这里归纳他们的内容，可以将美术能力的发展分为4个阶段即能说明问题。第一阶段为涂鸦期（3岁以前）；第二阶段为象征期（3至4岁）；第三阶段为意象期，此期可分5至6岁与7至

9岁2个阶段；第四阶段为写实期，此期可分为萌生写实期（9至11岁）、推理写实期（11至13岁）、仿成人写实期（13至15岁）3个阶段。无论哪种阶段划分法，学者们都从实践中证明了人的技能发展是随着年龄、认知和理解的不断深化而发展。他们从不同角度对发展阶段进行研究，但都揭示了儿童成长阶段美术发展的本质规律，发现了每个阶段中存在的典型特征，指出了美术能力发展中存在“抑制期”或“危机期”，也称“高原期”的现象。总之，儿童认知的发展变化方式是可以预知的，他们的认知行为与其年龄和成长阶段相关。

二、美术技能的发展规律

（一）美术技能发展的特点。技能既是显示艺术形象的手段，也是艺术家思想物化的载体。美术技能是指完成美术作品时所采用的方法，美术能力则是影响美术作品质量和顺利完成美术学习任务的个性心理特征。一方面，美术技能的形成以一定的美术能力为前提；另一方面，美术技能又是从对美术知识掌握，到美术能力形成过程的中间环节，它的形成对美术能力发展有重要的促进作用。美术技能不是先天形成的，经过美术实践和艺术培养才能逐渐形成；美术技能是美术能力的有机组成部分；美术技能受一定艺术观念所控制。

（二）美术技能形成的规律。美术技能包括操作技能和智力技能。这两个方面有共同点，也有不同点，有时呈同步发展，有时则很不一致。

·操作技能形成的规律：操作技能是通过模仿和练习逐步掌握的。其形成过程可划分为三个既有区别又有联系的阶段：（1）认知定向阶段。学生通过观察教师作画的示范动作和要领，了解作画技能活动的程序结构、组织特点、动作模式和各阶段步骤之间的关联。如学习水彩画时，就要了解水彩画的工具材料（颜色、纸张等）的性能和怎样涂颜色等。（2）联系阶段。进一步将陈述性知识转化为程序性知识，将语言指令转化为具体行动。这一阶段又可分为掌握局部动作、动作的交替并初步掌握完整动作、动作的协调完善等三个过程。（3）自动化阶段。通过不断反复地实践，绘画技能已达到得心应手、运用自如的程度。

·智力技能形成的规律：智力技能是美术能力发展的核心。智力技能的形成是一个从外部物质活动向内部心理活动转化的过程，即技能内化过程。为了说明智力技能形成的规律，我们拟借助心理学术语来表达：

其一，技能训练的定向。这是美术技能学习的准备阶段，要明确美术学习任务、目的和内容，即为美术训练本身和结果定向；要指出正确练习的关键点，如艺术观察等，运用操作技能因素完成所定向的学习目标。

其二，物质活动和物质化活动。物质活动是指在美术学习中运用静物、石膏模型、范画、幻灯等教具进行训练活动。在教学过程中，通过这些外部物质的活动来促进认知水平的提高，而达到在艺术表现中运用线条、明暗、色彩、透视、比例等目的。

其三，有声言语。这是指技能练习中不直接依赖实物而借助声音即教师讲授的技能练习经验、要点等促进心智发展的活动。

其四，外部言语。在美术练习中不停地练习与目的并非成正比，有时需要停止练习，对所画对象细细品味，感受和理解艺术表现规律，从而达到更深层次的认知。这是从外部训练逐渐内化的过程，被人们称为“悟”。

其五，内部言语。这是美术认知活动的最后阶段，特点是压缩和自动化，表现为不需要多少意识参与就能在头脑里自动化进行。其实，意识和练习所形成的技能等都被压缩或转化为一种自动化的表现形式，通过客观感受和形象思维，能达到主观的艺术创造。

三、美术技能的培养途径

（一）美术技能的学习规律。学习美术的过程并非是直线进步的，它与其他技能练习过程一样，都遵循“练习曲线”的共同规律。一般经过如下阶段：从不会画到会画，即练习初期成绩提高较快，训练一个过程之后，技能进步的速度逐渐减慢；技能发展的速度时快时慢，出现练习的起伏现象。这种退步只是暂时的，待到练习经验积累丰富时，成绩再度上升。练习成绩出现停顿现象，即所谓的“抑制期”或“高原期”。产生“高原期”的因素主要有两个：一是由于成绩提高需要改变旧的活动结构，而代之以建立新的活动结构和完成活动的新方法。当学生没完成这个改造或转变之前，成绩会处于停滞状态，当完成改造过程，成绩又会大幅度提高；二是由于学生练习兴趣降低，对学习产生厌倦情绪或身体状况欠佳时，成绩也会出现暂时停顿。

（二）美术技能的学习途径。美术技能的形成是操作技能与智力技能同步发展的结果，美术技能的学习过程不同于机械重复，它是在大脑支配下的运动，是有目的、有步骤、有思维、有想象和有指导的活动。因此，教师在指导中要给学生提供更有效的方法和条件。学习途径大致如下：

·明确美术学习目的和要求，熟悉所使用的材料，掌握有关技能练习的基本理论和基本知识，增强视觉思维的感知能力。

·掌握正确的学习方法和要领，避免盲目尝试过程，提高学习效率，及时知道练习结果，达到心中有数，对结果要有所分析，指出错误的原因，准确客观地评价自己的作品。

·坚持循序渐进的原则，掌握练习速度和练习质量的要求，先慢后快、先易后难，使速度与质量同步发展。

·学习方式要多样化，不断吸引练习兴趣，保持注意，培养灵活运用知识的能力。

综合上面各点，可以说，美术能力是一个综合概念，它包括运用艺术眼光观察的能力，运用形象思维的能力，运用艺术语言表现的能力诸因素。这些美术创造的重要特征和能力的形成，来自美术技能训练过程中的培养，美术技能的学习是使学生获得美术能力的关键。正是在美术技能学习和审美实践中，促进了学生自身的发展和能力的完善。

四、美术学习中的智力开发

智力是个体在认识过程中各种能力的综合产物，是人类改造客观世界以适应自身需要的心理结构。除遗传因素外，智力的发展和能力的培养与形成要靠学校内外的全部教育教学活动去促进。

（一）美术学习中智力开发的意义。智力开发是美术学习活动的核心之一。无论是线条的表现，明暗的塑造，还是墨色的挥洒，都离不开智力活动。事实证明，只有在发展智力上狠下工夫，才能从根本上提高美术学习质量，也只有通过美术学习中的观察、思维、记忆、想象和创造，才能促进美术学习中的智力开发。

（二）培养学生概括、分析和判断的能力。美术学习中对技能的训练要求绝非以画得像为最高标准，而是要求学生在掌握比例、透视、结构的前提下，去高度地概括对象的形象特征，摄取最本质的精神特征。为达到此目的，就要对所画的对象进行深入细致的分析和判断，弄清哪是本质特征，哪是非本质特征，舍弃哪里或强化哪里。这种学习的过程是一个高度集中的智力表现过程。因此，培养学生概括、分析和判断的能力是智力开发的重要手段。

（三）促进其他智力活动的发展。可使学生善于思考，丰富想象力和产生对视觉现象的敏感及兴趣等。美术学习所开发的美术智力与其他的智力有着深刻的内在联系。美术智力的开发不仅体现了美术创造的能力，而且确实可以促进人的其他智力活动的发展。

（四）美术学习中智力开发的内容。实践证明，在美术学习中一方面要重视形象思维的训练，发展学生智力；另一方面要重视激发学生的学习动机，培养美术学习兴趣，通过非智力因素来开发学生的智力。智力因素包括观察力、记忆力、想象力、思维力、注意力；非智力因素包括动机、兴趣、情感、意志、性格。在美术学习活动中，它们都扮演着重要角色。

五、美术学习中的个性发展

美术的个性化特征是美术学习中最珍贵的部分。归纳起来它有两个最鲜明的特征，即个体的差异性和表现的自由性。

（一）个体的差异性。美术学生的个体差异性来源于美术学习过程中所表现出的兴趣、爱好、感情、习惯、能力、气质、素质等多方面的不同。事实上人与人之间无论在身体上和心理上、学识和经验上都存在差异，尤其是在美术学习中表现得更加突出。在对同一个模特写生时有些学生善抓大感觉，用笔大胆洒脱；有的学生则表现出工整细腻，一丝不苟；有的草率；有的拘谨；有的喜欢追求客观的真实；有的则偏爱主观的表现。每个人都有自己与众不同的独特性，教师要尊重学生在学习中的个性差异并依据其差异性开展教学，促进个性的发展。

（二）表现的自由性。艺术是个性的产物，它的取向是求异，即使是同一物象，在不同的画家笔下也会出现极大的差别。美术教学中，教师用强制的方法使学生的作业呈现同样的风格，在美术教育的意义上是失败的。美术教学应该多给学生一些表现技巧方面的自由性的探索。美术学习在特征上是自由的，应该较少受到规范的制约，才能健康地发展美术个性。

当然，在美术学习中，影响个性形成与发展的因素很多，有主观心理的方面，也有客观环境的方面，大致可以归纳为：

1. 气质是个性形成的基础。气质是人的情感、认知和言语行动中比较稳定的动力方面的心理特征。气质本身无好坏之分，也不决定一个人的品德好坏和智力发展以及成就高低，但它却影响着一个人的工作作风和方式。在心理学上被称做胆汁质、多血质、黏液质和抑郁质四种类型的人，无论是在学习还是工作中都表现出鲜明的差异性和强烈的个性色彩。气质的类型决定着个性的倾向性，是个性形成的基础因素。

2. 教育环境在个性形成中起主导作用。教育环境是由教育者按照一定的教育目的，对教育内容和教育方式加以选择，使受教育者得到系统的影响。如果没有教育环境，人的智力不可能得到高度发展。人们受的教育内容不同，个性的发展也各异。通过艺术教育，可以使学生视野开阔，思维活跃，情感丰富，从而形成对外部世界敏感的个性和善于创造的个性。不同的学科教育和不同的教育方法能培养出不同个性的学生。

3. 美术实践是个性发展的重要因素。学生不断地进行美术实践，其感受力、观察力和思维力以及个性都会在反复锻炼中发展起来。通过美术实践活动，既培养了眼、脑、手的配合与协调，也促进了学生对复杂事物概括、综合的表现能力，从而加速了美术个性的形成。

4. 主观努力是个性发展的内部动力。当上述因素基本相同时，个性发展也并非一致，有时差异甚大，这就取决于个人的主观因素了。有些学生生活优越，养成过分娇宠、唯我独尊和依赖性强的个性；有些学生生活艰苦，却能克服困难，逐渐形成自强和独立的个性。这两种典型个性的形成都受到主观因素的重要影响。反之，前者如果主观努力，利用优越条件，可以塑造另外一种个性；后者若主观不努力，加之客观条件差，也难以形成良好的个性。所以，个性既需要客观环境的影响，也需要主观努力才能形成并发展。

六、美术学习中个性培养的途径

培养个性的意义是充分调动个人的内在潜力，使个性的能量在社会中得以自由发挥，达到“自我实现”的目标，同时也为人类的生活提供了丰富多彩的选择，尤其在美术创造中，个性乃是艺术的生命，是艺术风格和特征形成的基础。

（一）美术学习中动机和兴趣的激发

培养、激发学生学习美术的动机和兴趣可从如下途径着手：1. 确立学习目标，通过有效方法培养强烈的求知欲；2. 创设美术环境，提供表现机会，激发学习兴趣；3. 调整教学内容，增强趣味性，以点带面深化兴趣层次；4. 利用竞赛活动，做到评价准确，适当表扬，拓宽兴趣范围。

另外，在美术学习中还要拓宽学习范围，使学生对艺术的各个门类都产生兴趣。培养广泛的兴趣，包括文学、音乐等，它们对于塑造性格、发展个性和陶冶性情都具有重要意义。兴趣狭窄会妨碍美术能力的发展，也会造成孤陋寡闻，影响个性的健全发展。由此可见，美术学习的动机和兴趣的培养是多方面、多方法、多角度、多层次的教育过程，学生的个性正是在这种教育过程中顺利发展的。

（二）美术学习中情感和意志的培养

由于美术的个性化特征，学生的学习总是在个体的情绪和情感支配下进行。情绪和情感作为一种内在的动机力量，直接影响着学生的学习积极性、学习效率和学习成绩。因此，在美术学习中必须保持情绪的稳定性，使兴趣持之以恒。有的学生凭着情绪画画，缺乏激情时画得很糟糕，这种学习是不稳定的，要逐渐培养调动情绪、控制情绪、转移情绪的能力，使情感呼之即来，来了又可控制。

意志制约着学生活动的发展方向，强化或抑制学习发展的进程，并构成推动或终止主体学习活动的动力。学习者要有坚强的意志，克服学习中的种种困难，培养独立性、自觉性、自制力、毅力和顽强、勇敢、果断的性格。美术学习更需要坚强的意志和稳定的情绪，这也是培养个性的有效途径。

（三）美术学习中性格与习惯的培养

性格有好坏之分。良好的性格对学习有两方面影响，首先促进智力发展，其次能补偿智力和能力的某些不足。所谓“笨鸟先飞，勤能补拙”是指勤奋、踏实的性格特征对智力的补偿作用。在现实生活中，许多有成就的学者不仅具有较高智力，而且具有勤奋、顽强、自信、独立、有责任心等良好性格特征。

（四）创造性思维的培养

在教育中应按照联想→想象→创造的思考顺序来培育学生的创造性思维。在讲授美术基础知识时，提倡发挥学生的主动性，可采用一个问题多种答案或多种解释的具体做法；在美术技能指导中，应允许学生自由表现技法。要鼓励学生敢想勤思，并采取措施保护其想象的火花。培养创造性思维首先应解放学生思想，引导学生突破常规思维定式；其次对新思维给予及时肯定、鼓励和正确引导。

（五）独立精神和吃苦精神的培养

应鼓励学生在美术学习过程中依靠自身力量，独立地探索问题，完成学习工作。当然这个过程中有教师的指导，也有同学的帮助，但这些外部力量应能激起内部动力的运转而逐渐形成一种独立学习的能力，这才是创造力的原动力。

复习思考题：

1. 素质、素质教育的概念是什么？
2. 分析素质教育的特征。
3. 中小学美术课程的价值有哪些方面的表现？
4. 如何划分学生美术能力的发展阶段？
5. 美术学习中智力开发的意义是什么？
6. 美术学习有哪些个性化特征？
7. 如何激发中小学生美术学习的兴趣？
8. 为什么说美术学习是快乐的？请阐述快乐学习的理由。

第三课　中小学美术教学有哪些新的变化

课程名称： 中小学美术教学有哪些新的变化。
授课时数： 五至八学时。
教学目标： 了解教学大纲，熟悉课程标准，明确教学要求。
教学重点： 熟悉和理解中小学美术课程标准。
教学难点： 比较大纲与标准的差异，领会发展变化的内涵。
作业要求： 详见本课后的“思考与练习”。

第一讲
美术教学大纲与美术课程标准的比较与分析

一、课程标准取代教学大纲，反映了美术教育的发展历程

我国历次美术教学大纲和美术课程标准中，对中小学美术课程的性质和作用有着不同的表述，它反映了不同时期的不同要求：

1979年版《中小学美术教学大纲（试行草案）》："美术教育是对学生进行美育、促进智力发展的重要手段，是培养学生德、智、体全面发展的组成部分。它对于提高整个中华民族的科学文化水平、实现四个现代化，具有不可忽视的作用。"

1988年版《中小学美术教学大纲（初审稿）》："美术课是义务教育初中（小学）阶段的一门必修课，是对学生进行审美教育的重要途径，对贯彻德、智、体、美全面发展的教育方针，提高全民族素质，培养有道德、有理想、有文化、有纪律的社会主义公民具有重要作用。"

1992年版《中小学美术大纲（试用）》："初中（小学）美术课是九年义务教育阶段一门必修的艺术教育课程，是对学生进行美育的重要途径，它对于陶冶情操，启迪智慧，促进学生全面发展，具有重要作用。"

2000年版《中小学美术教学大纲（试用修订版）》："初中（小学）美术课是九年义务教育阶段一门必修的艺术文化课程，是学校实施美育的重要途径。它对于陶冶情操，提高美术文化素养，培养创新精神和实际能力，促进学生德、智、体、美全面发展，具有重要作用。"

2001年版新《中小学美术课程标准（实验稿）》："美术课具有人文性质，是学校进行美育的主要途径，是九年义务教育阶段全体学生必修的艺术课程，在实施素质教育的过程中具有不可替代的作用。该《课程标准》指出了美术课程的价值主要体现在以下五个方面：陶冶学生的情操，提高审美能力；引导学生参与文化的传承和交流；发展学生的感知能力和形象思维能力；形成学生的创新精神和技术意识；促进学生的个性形成和全面发展。"

二、美术课程标准与美术教学大纲综合比较

与中小学美术教学大纲相比较，中小学美术教学发生了很大的变化。中小学美术课程标准的基本理念体现在以下几个方面：

★以学生的发展为本的课程价值观。应该落实在：在价值观上为了学生，在伦理观上尊

重学生，在行为观上依靠学生。★科学与人文整合的课程文化观。在相互交融中寻求理性与情感的协调，让它们能够更多地结合在一起，而不是对立。★回归生活世界的课程生态观。打开我们的视野，把对教科书的重点关注转移到对自然、生活、社会、世界和人本身上来，使课程的空间增大。★创新与发展取向的课程实施观。发挥教师和学生在课程中真正有效的作用，让他们从原有的状态下解放出来，共同成为教学的主人。★民主化的课程政策观。体现科学和开放的精神，使所有的人都能够分享多样化而不是单一化的管理和决策。

美术课程标准与美术教学大纲相比较，其最大的特点就在于：前者是一种“建议性”的，更多地关注学生，从学生的角度出发；而后者是一种“指导性”的，是从教师的角度出发。原来的教学大纲过于强调学科的本位性，脱离学生的实际生活，课程的多样性和综合性不足等。

将美术课程标准与美术教学大纲相对照，二者的不同和区别便一目了然。

· 课程标准

以学生的全面发展为目标；关注基本素质的全面提高；是多数学生能达到的“低标准”；学生学习结果与过程的表述；间接的、指导性的、弹性的“规范”。

· 教学大纲

以教师的教学工作为重点；侧重学生知识和技能的获得；是教学应实现的“预期目标”；教学内容纲要和教学工作的提示；直接的、统一的、硬性的“控制”。

在具体的美术教学中，我们希望做到：树立素质教育的观念，突破学科中心，改善学习方式，加强评价改革指导，拓展课程实施空间。关键还在于：教育和从事教育的人们要从人未来发展的角度来看待教育的意义，以学生的个人成长作为教育的出发点。不要总是用个人的好恶、从个人角度去要求和设想每个学生，把自己需要掌握的知识与技能，要求所有的学生也都要掌握，这既不客观，也不公平。具体就两个方面来陈述：其一，从美术教育的观念来看，应该更加关注对学生自主、思维、创新等方面能力的培养，把以教师为主宰的课堂教学转向学生和教师的共同进步，在传授知识的过程中更多一些“双边活动”的体验；其二，再从教学的方法来看，应该给学生以更多的选择性、主体性和能动性，把学生从“死记硬背”的陈旧、单一的学习方法里解放出来，进而能够快乐地、有个性地去感受、去体验、去学习美术。

下面，我们将《中小学美术课程标准》与《中小学美术教学大纲》进行列表比较：

（摘自教育部基础教育司编写《走进新课程——与课程实施者对话》 北京师范大学出版社 2001）

	大　纲	标　准	突　破
目标	通过美术教学，培养学生对美术的兴趣与爱好；学习美术的基础知识与基本技能；培养学生健康的审美情趣、初步的审美能力和良好的品德情操；提高学生观察能力、想象能力、形象思维能力和创造能力。	学生以个人或集体合作的方式参与各种美术活动，尝试各种工具、材料和制作过程，学习美术欣赏和评述的方法，丰富视觉、触觉和审美经验，体验美术活动的乐趣，获得对美术学习的持久兴趣；了解基本的美术语言的表达方式和方法，表达自己的情感和思想，美化环境与生活。在美术学习过程中，激发创造精神，发展美术实践能力，形成基本的美术素养，陶冶高尚的审美情操，完善人格。	注重学生主动地参与美术活动，体验活动的乐趣，丰富视觉与触觉感受，发展美术实践能力。从作为学习主体的学生的角度表述目标，突出了以学生为本的教育理念，强调学生自我学习和自我教育。表述中既注意了知识与技能的学习，还强调了学生在学习过程中体验学习方法和过程，学会学习。并逐步形成有益于个人和社会的情感态度与价值观，注重基础的美术素养。

内容提要	（无分类）	分成四个学习领域： ·造型·表现 ·设计·应用 ·欣赏·评述 ·综合·探索	按学生美术学习活动方式划分学习领域，注意体用的结合，使静态的知识和动态的活动相统一，强调综合性学习和探究性学习。
内容案例	初中一年级 ·欣赏中国优秀美术作品 ·初步了解美术分类的知识 ·学习平行、成角透视知识，用线条表现物体的结构并作简单的写生练习。 ·了解人体比例、解构知识，进行铅笔人物速写练习。 ·初步了解中国写意花鸟画知识，进行花鸟小品临摹。 ·学习基础图案、平面构成知识，并进行练习。 ·利用黏土、石膏等材料进行小型雕塑制作。	第四学段（7—9年级） ·造型·表现：有意图地运用形、色、肌理、空间和明暗等美术语言，选择恰当的工具、材料，以绘画和雕塑等形式，探索不同的创作方法，发展具有个性的表现能力，传递自己的思想和情感。 ·设计·应用：了解主要的设计类别、功能，运用对比与和谐、对称与均衡、节奏与韵律、多样与统一等组合原理，利用媒材特性，进行创意和设计，美化生活，形成初步的设计意识。 ·欣赏·评述：多角度欣赏和认识自然美和美术作品的材质、形式和内容特征，获得初步的审美经验和审美能力，初步了解中外美术发展概况，尊重人类文化遗产，能对美术作品和美术现象进行简短评述。 ·综合·探索：调查、了解美术与传统文化及环境的关系，用美术的手段进行记录、规划与制作；通过跨学科学习，理解共同的主题和共通的原理。	改变了罗列知识点的方法，使硬性的规定变为弹性的选择。不但提出知识和技能的可选择性，也提出学习活动和方法的可选择性。

三、从以学科为中心到以学生为中心的转变

通过美术课程标准与原美术教学大纲课程内容比较，我们关注的问题就不应仅仅是“教什么”和“学什么”，而是要更多地去考虑教师“怎么教”与学生“如何学”。

美术课程标准重视学生学习所包括的主要领域和重视大多数学生在每一学习领域能达到

的学习结果。从这个角度来看时，教学内容的内涵发生了很大的变化，原来的“教与学的内容”变为“学生学习结果”，是课程标准与教学大纲在本质上的不同决定了内容标准的改变。中小学美术课程标准要求尽量让每个学生都积极参与美术学习，促使每个学生在各自的基础上获得不同程度的发展，而不是制定一个所有学生必须达到的硬性发展标准，用一种统一的尺度来衡量学生的发展水平。而且，课程标准根据美术教学特点以及课程发展综合化的趋势，将不同性质的学习内容划分为四个学习领域，大大有助于课程目标的实现，有助于教师了解学生课程学习的变化。

中小学美术课程标准的一个显著特点是对美术教学提出的，是可供选择的“活动建议”，值得我们注意。既然标明是“建议”，那么教学内容就不能像过去那样对知识点作硬性的规定，而应具有灵活性、弹性。各地、各校编写教材或教师进行课程设计时，就可以根据实际情况灵活地加以选择。

下面，再来看看教学大纲所呈现的面貌：教学大纲以开列知识点的方式构筑教学内容体系，而且知识点的规定比较具体、严格，具有较强的限制性。虽然，修订版的大纲改变了原大纲按年级列出知识点的做法，而采用了根据低、中、高年级来开列知识点，在某些程度上减低了教学内容对实际教学的一些限制，也体现了一定的弹性，但只是在教学内容的“量”上有所变化，而对于内容标准的“质”来说却没有丝毫的改变。因为美术教学大纲（试用修订版）明确指出，只有“在符合大纲规定教学要求和确保大纲规定知识点的前提下，才允许各阶段的教学内容有不同的编排组织方式”。于是，为了“确保大纲规定的知识点”，就难以考虑全国各地学校的具体情况了，也没有考虑到教师根据教学实际对教学内容进行综合处理，当然就忽视了这些学科内容对于不同起点、不同基础的学生是否适合。这样，大纲的教学内容本质上还是以美术的专业门类（欣赏、工艺、绘画）来确定，就难以实现学科内部的融合、综合和提供更多的选择。尽管学习内容的主体隐含着“学生”，但大纲使用的行为动词大多体现在知识与技能方面，很少涉及过程、方法、情感、态度与价值观的层面，这样在学习和教学过程中就容易忽视美术中审美的、人文方面的目标。

中小学美术新课程以“学生为中心”，注重他们的兴趣和经验，选择有利于学生发展的美术知识文化与技能，以利于他们通过美术的学习过程，真正获得美术的基本素养和学习能力等。由此而言，《中小学美术课程标准》把原来美术教学大纲中的指令性的知识点改成导向性的教学活动建议，在基础美术教育的课程改革中有着重要的意义和作用。

第二讲
中小学美术教学各领域的教学要求与实施

中小学美术教学根据教学活动特点，以活动方式划分学习领域，这是对传统的中小学美术大纲的反思与改进，是美术教育改革的重大举措，中小学美术教学活动以此为空间展开。

一、“造型・表现”领域的教学要求与实施

（一）通过“造型・表现”学习领域的学习，学生应达到什么目标？

通过“造型・表现”学习领域的学习，学生应分别在三个方面达到一定的目标，分别是知识目标、能力目标和情感态度目标。知识目标基本概括了造型艺术语言的要素和原理；能力目标则要求学生体验学习过程，掌握学习方法；情感态度目标突出艺术教育的特征，强调了体验乐趣，产生兴趣，并形成一定的价值态度。但以上这三个目标决不能孤立对待，在实际的美术教学中，它们是紧密联系、相辅相成的。课程目标系统可分为知识与技能、过程与方法、情感态度价值观三部分进行描述。其中，过程与方法是关键问题，只有紧紧抓住过程与方法，才能带动知识与技能的发展以及情感态度价值观的培养。学生知识、能力的增长和情感态度的培养都是在学习活动的参与和探究中实现的。落实到“造型・表现”学习领域，我们应该努力关注学生的学习活动方式，精心设计教学过程，创立学习情境。引导学生主动寻找与尝试不同的材料，探索各种造型方法。

（二）“造型・表现”学习领域涉及哪些内容？

应该说“造型・表现”学习领域是美术课程内容中覆盖面最宽、分量最重的部分，原美术教学大纲课业形式中的绘画和工艺都可包括在其中。该学习领域所涉及的描绘和雕塑是美术中的传统表现方式，长期以来一直是学校美术课程的主要内容，深受学生的喜欢。该学习领域不仅培养学生学习美术的基本态度和行为方法，为其他美术课程内容的学习奠定基础，而且为学生的情感和观念的表达提供最直接和最有效的方式，给他们带来极大的身心愉悦。

新美术课程标准设置“造型・表现”学习领域旨在淡化以往课程过强的学科特色，突出学生的行为方式。为了方便教师理解和操作，课程标准对“造型・表现”领域作了较为明确的说明，造型指的是运用描绘、雕塑、拓印等手段和方法，创作视觉形象的艺术创作活动。表现则是通过美术创造活动，传达观念、情感和意义的过程。据此理解，凡与视觉造型有关

的美术活动都可以列入这一学习领域，如所有的绘画种类、雕塑形式、工艺中的部分手工活动、民间美术中的劳作活动等。学生喜欢生活中的造型游戏活动，如折飞机、翻绳、过家家之类，也可归为此学习领域，运用得当可有效提高学生的学习兴趣。

这里，我们以造型游戏活动为例说明造型表现学习领域的丰富性。造型游戏指融造型游戏为一体的美术活动，活动中不事先设定主题或某个形象，主要是凭感觉、联想和想象来进行造型。活动主题是由儿童自己根据材料特征或具体情景想出来的。在这种活动中，儿童获得快乐，创造出丰富多彩的作品，并表达自己的感受。造型游戏的形式多种多样，可以是全身性的造型活动，例如在室外，利用当地的自然资源，在调动视觉、触觉、嗅觉、听觉等各种感官感受沙、土、落叶等材料特性，以及阳光、风等自然因素的同时，进行愉快的全身性的造型活动。也可以利用废旧材料，如从用过的纸杯、纸盒引发联想，进行造型，使它改变形象，成为一件艺术品等。

（三）“造型·表现”学习领域的标准在不同学习阶段是如何递进的?

在《中小学美术课程标准》中将九年义务教育的美术教学作一体化考虑，分成四个学习阶段。“造型·表现”学习领域则根据课程总目标的要求，分四个学习阶段提出了具体内容和行为方式。每一阶段的要求列表如下，也可称之为阶段目标。

本学习领域在低中年级阶段，一般意义上的美术学科分类界限非常模糊，大量的造型活动均是看看、画画、做做、玩玩融为一体，强调体验，丰富学生的感受。随着年龄增长和学习的深入，丰富的感性认识将上升到理性层次，基本的概念逐步形成，美术学科知识的轮廓也逐渐地显现。以形象和色彩的学习为例，学生在低年级时对形象和色彩在概念上是不分的，画形必有颜色，涂色离不开形。只有随着感性认识的丰富，在对形象和色彩的不断接触的实践中形象和色彩在概念上才出现分化。教师不必在学生的认识水平未达到时给学生灌输这些知识，而应引导学生逐渐去发现和总结，进行探究性的学习。当学生在实践基础上有了对形象和色彩的基本概念后，再进一步学习不同的制作方法，了解形象和色彩的不同文化含义，探索运用形象和色彩来表达自己的思想和情感。学生进入第四学段（7—9年级）时，比较能够有意识地运用形象和色彩对自己的所感所想进行有个性的表达。

这里我们可以重点研究三、四年级的“造型·表现”领域的教学。在一、二年级的基础上，三、四年级的造型游戏活动的范围可进一步扩展，应增加包含构成意识的造型游戏。这种造型游戏的内容可以分为：用大小、形状、色彩、材质不同的材料进行有规律的排列，创造出具有节奏感的作品；从各种不同种类的材料进行联想，根据材料的特征动脑筋进行各种不同的排列组合；通过收集各种废旧材料，获得对素材的体验，进行排列、堆积、组合等构成活动。学生凭感觉、联想和想象来进行造型，根据材料特征或具体情境创设主题。学生在体验造型愉悦的同时，创造出丰富多彩的作品，然后表达自己对造型活动较深切的体验与感受。在这一阶段，通过造型游戏的活动让学生逐步树立起用身边的材料创造出富有生命活力的艺术品的意识。

1—2年级	3—4年级	5—6年级	7—9年级
尝试不同工具，用纸以及身边容易找到的各种媒材，通过看看、画画、做做等方法大胆、自由地把所见所闻、所感所想的事物表现出来，体验造型活动的乐趣。	初步认识形、色与肌理等美术语言，学习使用各种工具，体验不同媒材的效果，通过看看、画画、做做等方法表现所见所闻、所感所想的事物，激发丰富的想象力与创造愿望。	运用形、色、肌理、空间等美术语言，以描绘和立体造型的方法，选择适合于自己的工具、材料，记录与表现所见所闻、所感所想的事物，发展美术构思与创作能力，传递思想和情感。	有意图地运用形、色、肌理、空间和明暗等美术语言，选择恰当的工具、材料，以绘画与雕塑等形式，探索不同的创作方法，发展具有个性的表现能力，传递自己的思想和情感。

二、“设计·应用”领域的教学要求与实施

（一）通过“设计·应用”学习领域的学习，学生应达到什么目际?

在“‘设计·应用’学习领域说明”中，《中小学美术课程标准》明确指出了通过这一学习领域的学习学生应达到的目标：

·了解“物以致用”的设计思想，并运用设计和工艺的基本知识和方法，进行有目的的创意、设计和制作活动，发展创新意识和创造能力。

这是通过知识与技能方面的学习所应达到的目标。设计活动是将设计思想和创意物化的过程，这一过程的进行必然需要相关的知识和技法，但知识与技能的掌握并不是该领域学习的终极目标，这一目标的核心是发展学生的创新意识和创造能力，而设计与工艺的基本知识和方法的学习，只是实现这一目标的基本途径和方式。

·感受各种材料的特性，合理利用多种材料和工具进行制作活动，提高动手能力。

这是在学习过程与方法方面所应达到的目标。“设计·应用”这一学习领域较之“造型·表现”学习领域具有更强的功能性特点，或者说它更多地要考虑其他人的需要和实际的运用价值，而不是创造者个人的思想和情感的自由表达。在这一领域的学习活动过程中，学生要使用各种各样的工具对多种形形色色的媒材进行操作实践。学习如何对某种媒材的形、色、质、量进行感受和了解，如何进行创意设计，如何有针对性地、合理地选择某种适宜的工具，如何运用某种适当的方法进行加工制作等，构成了学习活动的全过程。活动的结果固然重要，但更重要的是活动过程的本身，因为“提高动手能力”这一目标的达成，主要就是在活动过程中实现的。应当注意的是，教师通过精心设计教学环节，选择有效的教学方法和过程，从而使学生充分体现学习过程的自主性、探究性，是达成这一目标的关键所在。

·了解艺术形式美感及其与设计功能的统一，提高对生活物品和自己周边环境的审美评价能力，激发美化生活的愿望。这是对学生的美术学习在情感、态度、价值观的培养方面所应达到的目标。美术是一种人类文化现象，美术学习应是一种文化的学习，因此美术学习绝不仅仅是一种单纯的技能技巧的训练。应通过美术学习，促进学生对人类优美美术文化传统的积极的情感、态度的养成以及他们在人类文化传承中的价值，同时认识在广泛的文化情境中人的情感、态度、价值观的差异性和社会的丰富性。这一目标对于“设计·应用”这一学习领域，其指向性则体现在：认识美的设计、工艺与造物功能的关系（即设计与应用的关系），设计工艺表现的多样性及其对社会生活的独特贡献，感受和理解设计工艺的美感、功用和社会人文价值，从而热爱美术文化，热爱祖国优秀美术传统并渴望了解世界多元文化，达到提高审美评价能力、自发美化生活的愿望的目标。因此，这一目标的设定对于体现《美术课程标准》的基本理念是至关重要的。

·养成事前预想和计划的行为习惯以及耐心细致、持之以恒的工作态度。

这属于对学生非智力因素品质的培养方面所应达到的目标。在九年义务教育阶段中，对青少年儿童的个性品质的培养，除了观察、记忆、形象和逻辑思维、想象、创造能力等智力因素外，对逆境和困难的适应能力，对失败和挫折的承受能力，对长期工作的耐受能力，良好的工作心态和有条不紊、耐心细致的行为习惯以及意志、毅力等非智力因素心理品质的培养，对学生的发展也是十分重要的。这些心理品质的培养，虽然在各门课程的学习中都有所体现，但在美术课程的学习特别是“设计·应用”这一领域的学习中，由于其具有更强的操作实践性特点因而决定了它在这些非智力因素心理品质培养上所具有的独特的优势，充分发挥这一优势，使学生得到全面发展，也就成为通过“设计·应用”学习领域的学习学生应达到的目标之一。

（二）“设计·应用”学习领域涉及哪些内容?

由于“设计·应用”学习领域的活动方式既强调体现设计的创造意识，又具有特定的功

能特点，因此这一特点决定了该学习领域所涉及的内容较为广泛。在本学习领域中，“设计”一词被赋予的含义是“与学生生活相关的现代设计基础和传统工艺”，这与从学科的角度理解是不同的，从学科分类的角度看设计应该不包括传统工艺。所以，实际上“设计・应用”学习领域由现代设计基础、传统工艺美术两部分组成。

具体来讲，在“设计・应用”学习领域中，现代设计基础主要包括：平面构成、立体构成、色彩构成、工业设计、视觉传达设计、服装设计、环境艺术设计以及电脑美术设计等；传统工艺美术则主要包括：基础图案、金属工艺、编结工艺、纤维工艺、纸工艺、泥塑和陶艺以及各种民间美术工艺制作等。

本学习领域之所以称为“设计・应用”，是因为还强调了现代设计基础、传统工艺美术的知识与技能的学习应立足于从学生生活经验出发，与学生日常生活中感兴趣的、熟悉的事物紧密结合，并要求学生将所学的知识、技能应用于对这些事物的感知、理解和表现之中。设置“设计・应用”学习领域的目的不在于理解完整的、系统的知识和掌握详尽的、准确的技法过程，而在于通过对这些内容的学习大体了解其基本常识，培养学生形成初步的设计意识和一定的动手实践能力。因此，虽然“设计”涉及的内容较为繁杂，但与学生生活有关的“应用”才是本学习领域的主旨所在。如在视觉传达设计的学习活动中，教学内容的选择可主要是校园或社区的标志设计、文体活动海报设计和书籍本册的装帧设计等。在传统工艺的学习活动中，与学生生活有关的学习实用品和案头小工艺品的制作以及民间美术中风筝、彩塑、脸谱的制作等，都可作为很好的教学内容。

三、“欣赏・评述”领域的教学要求与实施

（一）通过“欣赏・评述”学习领域的学习，学生应达到什么目标？

在《中小学美术课程标准》中，指明了应当达到的三个目标：

1. 激发参与“欣赏・评述”活动的兴趣，学习多角度欣赏和认识自然美和美术作品的材质、形式和内容特征，了解中外美术发展概况。

2. 逐步形成提高视觉感受能力，掌握运用语言、文字和形体表达自己的感受和认识的基本方法，形成健康的审美情趣，发展审美能力。

3. 逐步形成崇尚文明、珍惜优秀民族艺术与文化遗产、尊重世界多元文化的态度。

从这三个目标来看，实施《中小学美术课程标准》，首先特别要注意让学生积极参与到欣赏和评述活动中来，激发他们的学习兴趣，明确学习的目的。只有他们的兴趣被激发起来，目的明确了，才会产生从艺术形式上分析、探讨美术作品的积极性，从自发的欣赏进入到自觉的欣赏，从而有意识地按照一定的欣赏程序，使欣赏从视觉的直观层面上升到理性分析的层面。

《中小学美术课程标准》提出要学习多角度欣赏美术作品，这也是非常值得注意的。什么是多角度？就像前边提到的许多欣赏方法一样，一幅美术作品可以从美术语言上进行欣赏——它的色彩如何的动人，造型如何的优美；也可以从历史的角度研究它给我们的信息——它告诉了我们当时人们穿的服装是什么样的；还可以把它和另一件作品加以比较——假如一幅是东方的美术作品，一幅是西方的美术作品，它们的主题是一样的，不妨看一看它们在艺术观念、艺术手法上的不同。此外，还可以用这幅美术作品和以前或以后的美术作品进行比较研究。例如，有的教师和学生欣赏《蒙娜丽莎》的时候，同时出示了一幅同时代另一位画家的肖像画作品，结果学生明显地看出达・芬奇在明暗、光线、手、表情的处理方面要比其他画家技高一筹。总之，欣赏课上不能形成一个固定的模式，以至教师还没有开口讲课学生便知道他怎么讲了。教师应当在不断的学习中，丰富教学内容和教学方法，敢于改变原有的教学模式和方法，善于从不同的角度提出问题，引导学生能从多角度学习欣赏一件作品，使

自己和学生们更灵活、更富有创造性。

了解中外美术发展的概况，为的是给学生创造一个接触人类文明成就的机会，因为美术代表了人类文明的成就。美术对于涵养学生人文精神，培养他们的历史感是非常必要的。学生只有了解了中外美术发展的概况，才能深刻地理解艺术与社会、文化、宗教、经济、政治的关系，才会有助于完成第三个目标提出的“逐步形成崇尚文明、珍惜优秀民族艺术与文化遗产、尊重世界多元文化的态度”。

视觉感受能力是欣赏活动着力培养的能力之一。这里所说的感受，首先是指对美的感受，学生应该具有一双能够审美的眼睛。经过欣赏活动之后，学生的眼光在以上几个方面会变得更加敏锐。同时，在欣赏活动中对学生的语言表达能力的培养同样应当引起我们的重视，因为学生要确切地表达自己对美术作品的感受，就必须有较好的语言能力。感受能力和语言表达能力密不可分，彼此助益，一方面一个人的艺术感受能力弱，他就不可能选择恰当的词汇表达自己的感受，另一方面他有了艺术感受之后，再通过恰当的词汇表达出来，感受就会得到强化。所以，语言能力也能从另一方面体现一个人艺术素质的高低。

《中小学美术课程标准》还提出用形体表达自己对美术作品的感受和认识，为的是给学生一个开放的表达方式，并以此加深对美术作品的体验和印象。如果学生愿意用表演的方式——如动作、舞蹈、戏剧、哑剧、戏曲等进行表达，应当受到鼓励。当然，这一切最终都是为了“形成健康的审美情趣，发展学生的审美能力”。

（二）“欣赏·评述”学习领域涉及哪些内容?

“欣赏·评述”是本课程标准的一个非常重要的学习领域。通过这一领域的学习，学生的美术鉴赏能力能得以逐渐形成，进而促使审美能力和审美品位的提高。“欣赏·评述”学习领域中的所谓“欣赏”，不仅指的是以愉悦的心情观看美术作品，而且还要了解美术作品中形式美及作品的含义。所以，欣赏可以分为两个层面，一是以直观的方式进行欣赏，一是以理性的方式进行鉴别。在美术教学活动中，欣赏不是一个个体的孤立的行为，而往往是在一种群体互动和交流的环境中进行的，学生应该将自己对美术作品的感受和认识以口头或书面的方式表达出来，与他人交流和共享。因此，这次《中小学美术课程标准》强调了欣赏活动中评述的价值和作用。所谓“评述”指的是美术评论。严格地讲，“评述”本来就是属于欣赏活动的一个部分。

应该强调的是，学生进行的评述活动，不是指专业的美术评论活动，尽管它们在本质上是一致的。《中小学美术课程标准》中有一句话希望能够引起大家的注意。应该说明的是，评述并非是一种高不可攀的行为，其方式是多种多样的，并具有不同的程度（例如，学生在一起谈论艺术就是评述的一种方式），每个学生都可以对自然美和美术作品等视觉世界作出自己的评述。此次课程标准和以往的美术教学大纲相比，突出了评述行为作为美术欣赏活动有机组成部分的价值。这是为了更好地体现美术课程的人文性质，完善美术欣赏教学活动，获得更大的美术教学效益。

四、“综合·探索”领域的教学要求与实施

（一）通过“综合·探索”学习领域的学习，学生应达到什么目标?

本课程标准从学生学习的角度出发，制订了“综合·探索”学习领域的达成目标。通过“综合·探索”学习领域的活动，学生应达到以下目标：

·了解美术发展趋势以及美感的多样性，拓展想象的空间，综合运用丰富多样的美术媒材、形式、技能表达自己的创意，美化环境与生活。

·了解美术学科与其他学科以及社会的关联，能灵活运用各学科的知识设计探究性活动的方案，进行探究性、综合性的美术活动，形成综合学习的能力，培养创造精神。

·以个人创造与集体合作的形式参与综合美术活动，发挥个性，学会合作，体验探究、发现的愉悦与成就感，激发美术学习的兴趣。

上述第一条目标是从美术学科的角度来制订的，强调通过“综合·探索”学习领域的活动，使学生的认知能力、综合性应用美术知识和技能的能力以及美术实践能力得到发展。

第二条目标是从跨学科的角度来制订的，强调通过“综合·探索”学习领域的活动，使学生综合运用各学科知识的能力、探究精神与创造精神得到发展。

第三条目标是从学习方式、情感、态度的角度来制订的，强调通过“综合·探索”学习领域的活动，使学生的个性、合作精神得到发展，并主张让学生以获得的情感体验为基础，激发学习动力。

“综合·探索”学习领域的达成目标制订的依据是课程总目标。第一条目标与总目标“尝试各种工具、材料和制作过程，学习美术欣赏和评述的方法”，“了解和学习基本的美术语言，表达自己的情感和思想，美化环境与生活”相对应。第二条目标与总目标“在美术学习过程中，激发创造精神，发展美术实践能力”相对应。第三条目标与总目标“学生以个人和集体合作的方式参与各种美术活动”，“丰富视觉、触觉和审美经验，体验美术活动的乐趣，形成对美术学习的持久兴趣”相对应。

（二）“综合·探索”学习领域涉及哪些内容？

综合与相关不同。相关是指学科之间具体的异同，相关的方法是把不同学科并置，进行比较与对照。综合则表现为多种学科之间的统一，其方法是使用两门或两门以上学科资源，强化学科之间的相互联系。

本课程标准中的“综合·探索”领域是指通过综合性的美术活动，引导学生主动探索、研究、创造以及综合解决问题的美术学习领域。可分为三个层次：融美术各学习领域（造型·表现、设计·应用、欣赏·评述）为一体；美术与其他学科相综合；美术与现实社会相联系。三个层次之间又有着不同程度的交叉或重叠。

·是指融造型·表现、设计·应用、欣赏·评述为一体的美术活动，即在一次美术活动或一个单元的美术活动中，同时包括两个或两个以上领域的学习内容。

·是指在学科教育的范畴内，跨越美术学科的、美术学科与其他学科相综合的学习活动。例如，美术学科与音乐学科、美术学科与语文学科、美术学科与理科等两个或两个以上学科内容相结合的学习活动。

·是指超越学科教育的范畴，延伸至学校生活之外的、美术与现实社会相联系的学习活动。例如，美术与时事、美术与市场等方面内容相结合的学习活动。

需要说明的是，在开展“综合·探索”教学活动时，上述三个层次之间无法截然地分隔开，它们之间有着不同程度的交叉或重叠。

（三）如何设计与开发“综合·探索”学习领域的内容？

“综合·探索”学习领域的总体特征为：拓展性、探究性、创造性，因此学习内容的开发与课题的设定都应体现这一特征。在设计与开发“综合·探索”学习领域的活动内容时，既可以从美术学科与其他学科的结合方面来考虑，也可以从超学科的角度来考虑。

1.美术学科与其他学科相结合的活动内容。

·美术与文学：创作童话故事的插图、连环画等。

·美术与戏剧、舞蹈：设计、制作并表演皮影戏、影子戏等。

·美术与音乐：用造型艺术的方式来表现音乐，包括描绘乐感，设计与制作乐器，并用这些乐器演奏等。

·美术与地理：绘制地图，设计、制作游乐园模型等。

·美术与物理：设计与制作会发光、会转动的环境艺术模型等。

2. 美术与美、社会、环境、科学、国际交流等方面的内容。

·美的展示：布置展览会、小小超市，进行服装设计与表演，开展集体制作一本书等活动。

·美学：围绕“什么是艺术品”、“什么是美”等专题进行讨论，并用各种形式发表。

·美术与社会：调查自己社区的历史，调查当地的文化遗产以及传统艺术，用报告、绘画、雕塑或建筑模型表达调查的结果，评论其优点与不足之处，并设计新的社区，制作模型等。此外，还可以鼓励学生利用美术形式对最新出现的重大事件作出自己的反应。如我国台湾省的一些学校的学生就以绘画的形式表达对美国“9·11”事件的感受和认识。

·美术与环境：创作居住地区昆虫、植物、风景的图鉴，创作反映100年之后居住地区面貌的美术作品等。

·美术与科学：围绕“美术与光”、“美的探险队”、“班级美术网”等专题，运用摄影、摄像、影视、电脑等设备进行创作活动。

·美术与国际交流：用“绘画信”的形式与外国学校的同龄人进行超越文字语言的交流，也可以用互联网的形式与外国学校进行同龄人美术作品的交流。此外，还可以密切配合学校的活动来展开“综合·探索”学习领域的活动，例如，设计与布置艺术节、运动会、音乐会的会场，设计与布置平时的教室或节日中的教室等。

五、普通高中美术教学的要求与实施

制订新的《普通高中美术课程标准》，应力求体现我国普通高中教育的培养目标，鼓励学生在感受、体验、参与、探究、思考和合作等学习活动的基础上，进一步学习基本的美术知识与技能，体验美术学习的过程和方法，形成有益于个人和社会的情感、态度和价值观。通过课程改革，要构建符合基础教育要求的具有时代性、基础性和选择性的美术课程体系，为不同兴趣和专长的学生提供进一步发展的平台。

（一）课程性质

普通高中美术课程是艺术学习领域中的必修课程之一。普通高中美术课程既与义务教育阶段的美术课程相衔接，又具有自己的特点，是高一层次的美术课程。普通高中美术课程具有人文学科的特征，能够帮助学生实现下列价值：

★陶冶审美情操，提高生活品质

美术是一种视觉艺术，在发展学生的视知觉，获得以视觉为主的审美体验，陶冶审美情操，提高生活品质等方面，具有其他学科难以替代的作用。普通高中美术课程能够提高学生对自然物、人造物形态美的认识，提高对美术作品的内容、材料、形式、风格的多样性的认识，使学生体验美术与生活的关系，陶冶审美情操，提高生活品质。

★理解美术文化，形成人文素养

我国的美术有着悠久的历史和辉煌的成就，与其他国家和民族的美术共同构成世界美术的多元化。美术是人类文化的重要组成部分，具有人文教育的功能。普通高中美术课程能使学生较为全面地了解美术与自我、美术与社会、美术与自然等方面的关系，引导学生热爱祖国，理解美术文化，形成人文素养。

★激发创新精神，增强实践能力

美术实践是一种创造性的活动，在激发人的创新精神，发展动手能力和开发潜能等方面具有独特的作用。普通高中美术课程能使学生在美术活动中充分发挥个性和想象、思考、判断等能力，接触各种工具、材料、操作方式和表现形式，获得丰富而独特的体验。这种融鉴赏与创作于一体的学习活动，对激发创新精神、增强实践能力是十分有益的。

★调节心理状态，促进身心健康

美术实践作为一种情感表达活动，能使人获得成功感和自信心，具有促进人际交流，释放紧张或消极情绪，增强身心健康的作用。普通高中美术课程能使学生在美术活动中直接抒发各种情绪，缓解心理压力；获得成功体验，增强自信，升华情感；促进交流，沟通人际关系，从而形成良好的身心状态与社会适应能力。

★拓宽发展空间，帮助规划人生

美术渗透于社会生活、生产的各个领域，在美化生活、提高物质产品的文化品质等方面具有重要的应用价值。因此，各行各业的人都需要具有一定的美术素养。普通高中美术课程既能为学生提供不同的美术基础知识和技能，培养学生终身爱好美术的情感，发展美术方面的能力，也能为他们未来从事美术职业或其他职业拓展发展空间。

（二）课程的基本理念

★体现时代性、基础性和选择性，满足发展的需求

普通高中美术课程要适应时代发展的要求，增设反映美术学科发展成果的现代设计、现代媒体艺术等内容；注重对美术语言以及美术的发展规律等基础性内容的学习；充分利用和开发校内外美术课程资源，增加课程的多样化，实行学分管理，鼓励学生自主选择，为个性发展拓展空间，满足学生多样发展的需求。

★理解祖国优秀艺术，尊重世界多元文化

普通高中美术课程要让学生较广泛地接触中外优秀美术作品，拓宽美术视野，尊重世界多元文化，探索人文内涵，提高鉴别和判断能力，抵制不良文化的影响，尤其要引导学生深入地了解我国优秀的民族、民间艺术，增强对祖国优秀文化的理解。

★注重学习方法和过程，提高美术素养

普通高中美术课程的实施要注重培养学生的独立精神，倡导自主学习、研究性学习和合作学习，引导学生主动探究艺术的本质、特性和文化内涵。通过美术学习活动，让学生学会用艺术思维的方式认识世界，学习艺术表现和交流的方法，提高美术素养。

★强调创新精神，培养解决问题的能力

普通高中美术课程要面向学生的生活和发展，引导学生逐步形成敏锐的洞察力和乐于探究的精神，鼓励想象、创造和勇于实践，用美术及其与其他学科相联系的方法表达与交流自己的思想和情感，培养解决问题的能力，促进美术和其他学科的学习。

★提倡质性评价，促进个性发展

普通高中美术课程评价的主要目的是促进学生的发展，因此，评价标准要体现多主体、开放性的特点。根据美术学习的特点，提倡使用表现性评价、成长记录评价等质性评价的方式。强调培养学生自我评价的能力，帮助学生学会判断自己美术学习的态度、方法与成果，确定自己的发展方向。

（三）课程设计思路

★设置内容系列，提供多种选择机会

普通高中美术课程设置了以下几个内容系列，供学生自主选择：

其一：美术鉴赏　其二：绘画·雕塑　其三：设计·工艺

其四：书法·篆刻　其五：现代媒体艺术

★实行学分管理，保证基础，力争拓展

普通高中美术课程实行学分管理，通过设定必修学分，让每个学生都能达到基本的美术学习要求，在义务教育美术课程学习的基础上进一步提高自己的美术素养。具体方法如下：

·选择一个模块，修习 18 学时可获得 1 个学分，每个学生必须修习美术课程 54 学时，以获得规定的 3 个基本学分。

·尽可能尊重学生的自主选择，但原则上以修习 1 个学分作为继续选修和转换学习内容

的基本单位。鉴于“美术鉴赏”对高中学生形成美术鉴赏能力、提高审美素养具有主导性和基础性作用，建议在3个基本学分中采取“1+2”的选课策略，即学生先选修“美术鉴赏”获得1个学分，再在其他内容系列中任意选修两个模块内容获得另外2个学分。

·在取得必修的3个学分的基础上，学生可根据自己的兴趣和需要继续修习以获得其他学分。所选模块不加规定。

★注重可行性，适应不同学校的美术教学条件

普通高中美术课程要适应全体学生的发展。普通高中美术课程不是高考的平台，更不是为了培养专业美术家，因此，学习内容应符合高中学生的学习兴趣，适应高中学生美术学习的实际能力和水平，不宜过高、过难、过于专业化。

由于普通高中美术课程受师资和设备条件的影响极大，因此，普通高中美术课程必须具有多样性和弹性，以适应不同学校的师资和设备条件。现阶段，各学校可根据自己的师资状况和设备条件开设美术学习模块中的部分课程，但要制订规划，积极改善普通高中美术师资的状况，配齐所有必需的设备和器材，力求在三至五年内开设全部内容系列，为学生提供更大的选择空间。

虽然一位美术教师不可能胜任所有美术门类的教学，但也不能只开设自己感兴趣和擅长的某一门课，使学生失去选择的机会。作为普通高中美术教师，至少应该具备开设三个模块课程的能力。例如，开设美术鉴赏课程的能力、开设一门绘画（或雕塑）类课程的能力和开设一门设计（或工艺）类课程的能力。

★传承民族文化，反映学科最新发展

在普通高中美术课程中设置了“书法·篆刻”内容系列，在“绘画·雕塑”内容系列中设有中国画内容，在“设计·工艺”内容系列中设有传统工艺美术等内容，以加强学生对中国传统文化的理解。

普通高中美术课程也体现了美术学科在理论方面的新动向。例如，强调美术的人文性质，重视美术与生活、美术与文化的联系等。普通高中美术课程还关注了美术创作活动中观念、材料、方法和技术方面的新发展，例如，在“绘画·雕塑”内容系列中增设了综合材料造型的内容，导入了现代艺术观念和环保的意识；增设了现代科学技术与艺术相结合的“现代媒体艺术”内容系列。

（四）课程目标

以个人或集体合作的方式参与美术学习活动，进一步学习美术知识与技能，运用观察、想象、直觉和多种思维形式以及美术的方法进行艺术创造活动；学会分析、评价美术作品及美术现象，形成健康的审美情趣和审美观念；理解美术与其他学科之间的联系，并将美术语言运用于研究性学习之中；养成对美术终身爱好的情感，提高美术素养，热爱祖国优秀的文化，尊重世界多元文化。

★深入学习和理解造型语言，了解美术创作的过程和方法，选用相关材料、技法或现代媒体创造性地进行表现、设计或制作，表达自己的思想和情感以及美化生活。

★学会描述、分析、解释、评价美术作品和美术现象的方法，了解美术某一门类的特征和发展，获得有关的美术知识，理解美术作品的文化含义和风格特征；陶冶情操，热爱祖国优秀的传统文化，尊重并理解世界文化的多样性。

★学会通过多种渠道收集有关信息，认识美术活动与其他学科的关系，以及与社会、自然的联系；发展想象力，促进思维方式的灵活性和多样性，学会用美术的方式或结合其他方式解决学习和生活中的问题。

★学会运用美术展示的知识和方法，有创意地展现美术学习的成果，增强自我表达的意识，学会自我评价，学会评价他人美术学习的成果；通过以视觉艺术为主的艺术交流，架起

与他人思想和情感沟通的桥梁。

（五）实施建议

★教学建议

·普通高中美术课程的所有学习内容都可以让学生自主选修。

教师应向学生介绍每一学习内容及其学习方法，并尊重学生的意愿，根据学生的兴趣、特长和未来的发展需要，指导学生选修其中的若干模块。

·美术是一门注重体验和实践的学科，在普通高中美术教学过程中，将鉴赏与体验、鉴赏与动手实践结合起来，能更有效地提高学生的美术鉴赏能力和创作能力。所以，在每一模块的相关内容中，美术鉴赏的内容应不少于该模块学习总课时的20%。

·教师应注重培养学生的美术实践能力，通过各种美术活动，引导学生动手实践，在美术活动中提高观察、构思、创意、造型、表现、设计和工艺制作的能力。对于工业设计、环境艺术设计等设计类别的教学，可指导学生采用多种材料和方法进行模拟设计制作练习。

·在普通高中美术教学的全过程中，要贯穿艺术观念和美术术语的学习与运用。教师要引导学生关注艺术观念的发展与创作实践的关系，鼓励学生在美术鉴赏、技法练习和创作实践中，运用美术术语思考、交流、讨论，加深对美术术语的理解，提高运用能力。

·美术教学应注重创设情境。在美术鉴赏教学中，可以针对美术作品、美术现象，用有关的音乐、故事、角色扮演等方式创设情境，加深对文化、历史以及美术的社会作用的认识。在美术创作教学中，应该创设能激发学生想象力的情境，鼓励学生创作出富有个性和创造性的作品。

·美术学习活动一般注重对美术作品发表个人的独特见解，运用不同的材料、工具和方法进行独特的创作，但有的美术学习活动，例如，学校的形象设计、班级网页的设计等则需要发挥集体的智慧和力量，分工合作完成。面对不同的美术学习活动，教师在运用一般教学方法的基础上，应该针对美术学习的特点，重视对新型教学方法的研究，引导学生进行自主学习、研究性学习与合作学习。

·教师应利用计算机技术和互联网开展美术教学。鼓励学生在学习过程中，利用计算机技术和互联网资源主动地收集、筛选、分析、整理图像和相关背景资料，扩展学习资源，开阔视野；指导学生学习用计算机技术创作美术作品，并利用互联网大胆发表和传播自己的美术作品与学习心得。

·教师应创造性地使用美术教科书，根据学生、学校和当地的特点对教学内容进行选择、改变和再创造；灵活利用当地自然和文化资源，积极开发校本课程，增强美术教学与当地自然和文化特色的联系。

·教师应鼓励和帮助学生组织和建立美术社团，指导学生开展各种美术活动，增强学生的实践能力，增添校园文化氛围。

★评价建议

·根据《普通高中美术课程标准》、教学实际和学生的情况，制订具有开放性的、能促进学生发展和改进教师教学的以及推进普通高中美术课程不断发展的评价指标。

·提倡多主体评价。采用学生自评、互评以及教师和家长对学生评价等方式，尤其应注重学生的自我评价。

·注重表现性评价。运用观察、记录、访谈、录像、录音、摄影等方式收集学生学习表现的信息，对学生在参与美术学习过程中的综合表现进行评价。

·注重质性评价，提倡成长记录评定。成长记录主要有“过程性成长记录”和“成就性成长记录”两类。成长记录评定的主要意义在于提供能使学生学会判断自己进步的机会。学生在成长记录中收集美术学习全过程的重要资料，包括研习记录、构想草图、设计方案、美术作业、相关美术信息（文字或图像资料等）、自我反思以及他人评价的结果等。教师能通过学生的美术学习成长记录，了解学生的学习状况，发现学生的潜能和发展需求，及时给予针对性的指导。

·采用多种评价方式评价学生的美术作业，包括分数或等级、评语、等级与评语相结合、座谈、学生作品展示等方式，充分肯定学生的进步和发展，明确需要克服的弱点与发展方向。

·建立促进美术教师成长的评价体系。教师应转变在教学评价活动中的角色，能对自己的教学行为进行分析与反思，及时记录教学体会、教学成果以及需要改进之处。

·建立以美术教师自评为主，校长、教师、学生、家长等共同参与的评价制度，使美术教师从多种渠道获得反馈信息，不断改进教学，促进自身不断成长。

★课程资源的利用与开发建议

·各校应根据所开设的美术课程配置专用美术教室，配齐相应的美术教学设置（包括储藏教具、工具、材料的场所以及展示学生美术作品的场所）与器材，配置可供美术课使用的多媒体教学设备。

·学校的图书馆应配备美术书籍和其他美术资源，包括画册、教师参考书、学生参考书、美术及美术教育杂志、幻灯片和光盘、录像带等，供教师备课及上课，学生自学或合作学习时使用。

·各校之间可以根据不同学习模块的师资需求，互通有无，共享美术教师资源。

·学校应积极开发信息化课程资源，充分利用网络获得最新的美术教育资源，开发新的教学内容，探索新的教学方法，并开展学生之间、学校之间、省市之间和国际的学生作品、教师教学成果等方面的交流。

·广泛利用校外的各种课程资源，例如，美术馆、图书馆、公共博物馆及私人博物馆、艺术家工作室、艺术作坊和有关工厂、车间以及当地文物资源等，聘请美术专业工作者和相关人员参与美术教学，开展多种形式的美术教育活动。

·尽可能运用自然环境资源（如自然景观、自然材料等）以及校园和社会生活中的资源（如活动、事件和环境等）进行美术教学。

思考与练习：

1. 中小学美术课程标准的基本理念包含哪些方面内容？
2. 中小学美术课程标准与中小学美术教学大纲相比较有哪些方面的变化？
3. 中小学美术课程的“造型·表现”学习领域设置了哪些学习目标？
4. 中小学美术课程的“设计·应用”领域具体涉及哪些教学内容？
5. 中小学美术课程的“欣赏·评述”领域的教学有哪三个目标？
6. 中小学美术课程的“综合·探索”领域教学的设计与开发，可以从哪些角度考虑？
7. 普通高中的美术课程性质可作怎样的归纳？
8. 普通高中美术课程系列的内容与学分管理的办法有哪些？

第四课　怎样上好一节中小学美术课

课程名称： 怎样上好一节中小学美术课。

授课时数： 六至九学时。

教学目标： 了解和掌握中小学美术课堂教学的规律。

教学重点： 中小学美术教学原则和方法。

教学难点： 中小学美术教学的活动追求。

作业要求： 详见本课后的“思考与练习”。

第一讲
中小学美术教学的原则

美术教学原则是美术教学的一个重要问题，它是根据美术教育目的、教学目标和教学过程的规律，为指导美术教学工作而提出来的，是美术教师在教学工作中必须遵守的基本要求。制定中小学美术教学原则的基本前提是了解中小学美术教学的情况，探究中小学美术教学的特点，这是展开思考、认识教学规律的起点。

一、中小学美术教学的特点

中小学美术教学属于学校教育体系，它既有学校教育科目的共性，也有自己的独特个性，这是制订中小学美术教学原则的基础与前提。为适合师范美术院校学生的学习，我们将中小学美术教学的基本特点作以下归纳：

（一）形象思维的自主性。中小学美术教学的特点决定了对美术作品的欣赏、美术造型语言的学习与掌握等，没有恒定不变的标准。它不同于数、理、化的公式，它是通过教师的讲解、辅导，借助于学生自己的独立思考与操作等，才能理解美术作品的含义和造型语言的运用。例如：对一幅美术作品的欣赏，即使都是同一个教师的讲解，每个学生的欣赏结果也是不同的。造型语言也是一样，面对同一描绘对象，不同的同学表现的画面是不会相同的。教师在实施美术教学过程中必须清楚这个基本特点，才可能因人施教，培养学生的个性。

（二）技能活动的实践性。中小学美术教学内容的特殊性决定了美术学习必须眼、脑、手并用。美术课是一门实践性特别强的技术课，无论是平面或空间技能训练都离不开动手。美术教学观念的转变，改变了传统教学中的“技法中心论”，但美术教学还是不能没有技法训练，而这种技法训练就是既动脑又动手。尤其是在第一、第二学段，美术教学动手训练能有效地促进脑力发展，因而在这些学段倡导训练与游戏相结合。在第三、第四学段，学生的思维能力有了很大的提高，但美术课的特点决定了动手实践还是不可缺少的。例如，当学生领会了动漫卡通的造型方法和步骤之后，要想把动漫卡通画画好，就必须不断地思考、临摹和写生，只有通过这种连续不断地实践和总结，才能掌握动漫卡通的表现方法，获得造型能力。

（三）创造性思维的特殊性。中小学美术教学特别注重创造性思维能力的培养。创造性思维是一种具有开创意义的思维活动，在美术教学的各个学习领域中，我们都要注意开拓学生的想象力和创造精神。但是，在中小学美术教学中，创造性思维能力的培养并没有固定的模式，学生可以按自己的生活经验和知识状况作自由发挥。当某种课程要求有一定的规范，可能与学生创造性思维发生矛盾时，我们应要求学生既能按教师的启发去思考，又尽可能发挥他们自己的想象力。这一点我们应充分估计到，否则会影响学生创造性思维的提高。

（四）个体操作与集体教学的矛盾性。学生是参加美术教学活动的个体，他们来自不同的家庭、社会环境，每个人对美术的兴趣、爱好程度差异较大，整个班级学生的美术学习水平呈现出较多的不同；而课堂教学设计原则上又应该以集体教学为主，对全班学生都要有一定的统一要求和规定，这就自然产生个性操作与集体教学的矛盾。这一特点提醒教师，在课程安排和设计上，要充分考虑到个体差异和集体教学的关系，使所有的同学在美术教学大环境中均能获得发展。

二、中小学美术教学的原则

把握美术教学的特点是制定美术教学原则的基础。所谓教学原则，是根据一定的教学目标、任务，遵循教学过程的规律而制订的对教学的基本要求，是指导教学活动的一般原理。而美术教学原则是美术教学活动必须遵循的准则，是指导美术教学的基本原理。它是根据美术教育学的理论，美术教学的目标、任务，教学过程及教学活动规律而提出的，是在总结教学实践的基础上制定出来的。当前，我们在中小学美术教学中综合归纳出如下几项原则：

（一）整体性原则

美术教学整体性原则体现两方面含义：一是指教学所承担的任务具有整体性，即实现学校教育的整体目标，培养合格的人才；二是指教学活动本身具有整体性，美术教学是由一系列教学要素构成的一个完整系统，这就要求美术教师在教学中必须协调好教学诸要素之间的关系，使各种教学要素有机配合起来，在共同完成美术教学目标的过程中产生良好的整体作用。

中小学美术教学中贯彻整体性原则的要求是：

1. 实现审美教育与素质教育的统一。审美教育是指在引导学生掌握美术知识文化时必须突出审美要求；素质教育是指合理地结合课程内容，把握课程标准要求对学生进行综合性教育。通过精心设计、合理安排，有效地协调二者的关系，使学生树立正确的审美观，具有辨别美与丑的能力。

2. 实现传授美术知识与发展学生智能的统一。美术知识与智能之间既有密切联系又有明显区别。在教学中注意扩大学生的知识面，才能发展学生的智力。所以美术教师在组织教学时，既要注重知识的质，还要保证知识的量。在教学方法上，既要引起学生积极探求的兴趣，又要训练学生动脑和动手的能力。力求教学方法多样化，让学生多种感官同时作用，多渠道、多形式地接受和加工信息，使掌握知识和发展智能结合起来。

3. 实现美术教学诸要素的有机配合。教学活动是教师和学生共同参与的活动，是使学生掌握知识，形成技能技巧和促进身心发展的活动。在教学活动中，教师、学生、教学目的、教学内容、教学方法、教学手段以及教学环境等是不可缺少的基本要素。因此，美术教师在教学过程中，必须明确教学任务，精通教材，了解学生，熟悉各种教学方法、教学手段和教学环境，善于处理各种教学要素间的关系，使它们在完成具体教学目标的过程中有机配合，保证美术教学活动获得最佳效益。

（二）目标性原则

美术教学的目标性原则是指在美术教学活动中，教师必须深刻理解和领会中小学美术课程目标，确定中小学美术教学的目标体系，对学习领域的各级教学目标要做到心中有数，要求按照中小学美术课程标准的原则设计教学，有计划有步骤地实施教学、评价教学，那种随机性的漫无目标的教学状态是违背目标性美术教学原则的。当前有人认为，为了体现素质教育精神，美术教学不能设立固定的教学目标，特别是技术与技能的目标，教学只重活动、美术只是过程，美术教学的价值只体现在活动与过程中等。这样的观念我们是不能赞同的，我们认为中小学美术教学不仅仅是游戏或活动，这些只不过是教学的外在形式，教学其实是一项严谨、严密的艺术劳动，它的价值完全依赖于精心设计的教学目标的达成而体现。随意的教学选择与活动只不过是不负责任的表现。

中小学美术教学中贯彻目标性原则的要求是：

1. 备课时要确定明确的教学目标。教学目标应全面而具体，防止教学目标的笼统化、一般化、形式化。

2. 教学中要让学生明确教师的教学目标。采用适当的方式使学生了解学习所应达到的目标，有利于排除各种干扰，调动学生的自觉性，有利于组织、调节和控制整个教学过程，保证教学任务的顺利完成。

（三）直观性原则

美术教学的直观性原则是由造型艺术特点决定的。虽然其他学科也提倡直观性原则，比如教师们总是借助辅助性画面来帮助学生理解课文，但美术教学更重视运用视觉形象。直观性原则利于从直觉感知升华到本质的认识，通过直接观察感受，使学生获得知识。

中小学美术教学中贯彻直观性原则的要求是：

1. 语言表达的形象性。美术虽为造型艺术，但在教学中还是离不开语言的表达。因此，在授课表达中应尽可能运用形象性语言，并力求使表达的内容形象化，给学生以直观的感觉。

中小学生的抽象思维能力比较薄弱，对语言表达的内容往往不大容易理解，如果我们不注意教学语言的形象性，就很难让学生听明白。比如，在讲授透视原理时，我们提出“近大远小”的概念时，学生可能还很糊涂。为此，我们可用道路及两旁的电线杆作为直观性的形象来举例，电线杆的高度本来一样，但是当我们站在路的一端向远处望去时，我们便觉得道路两旁的电线杆越变越小，在路的尽头汇合为一点。为什么会这样？这就是“近大远小”的透视作用。通过教师直观形象的启发，学生很快明白了透视的原理，这就是利用生活中的景物帮助学生直观性地理解抽象问题。

2. 直观教具的制作和运用。直观性教具在各科教学中都须运用，但美术教学运用得更为直接广泛。它包括课件、范画、图表、模型、幻灯片、录像等各种影像资料以及其他辅助教具等。通过这些直观性教具的运用，将会使一些抽象又难懂的知识具体化、形象化和简单化。在美术教学中，有许多问题，如用语言表达便显得十分复杂，但通过直观性的图像或教具来反映便十分简单与清晰，这就是直观性的优势。例如，我们在讲素描五大调子时，如果用一个学生常见的篮球，放在强光下或者在阳光下照射，在篮球上清楚地呈现出五个调子，教师逐一分析，学生就会很快明白素描五大调子是怎么回事，既形象又直观。直观性教具确实给我们提供了更多的便利。

3. 美术教学示范。这是美术技能教学中最常用也最见效果的教学方法，尤其是在低年级美术教学中运用更广泛。中小学美术教学中有许多难以表述的东西，特别是技能和技法方面的教学内容，要求学生如何做，做到什么程度等，有时很难用语言迅速讲清楚，但通过示范便能形象直观地解决问题。例如，在水彩画教学中，颜色的调和变化不容易讲清楚，但经教师略作示范后学生就一目了然了。如果没有示范，任凭教师如何细讲精讲，学生也很难迅速有效地了解其中的丰富变化。

由此可见，运用直观性的教学方式，能增加教学信息、加快教学节奏，有效地提高教学效率。

（四）启发创造性原则

启发创造性原则，是指教师在美术教学中运用有效的教学方式，最大限度地调动学生美术学习的积极性和自觉性，激发他们的创造性思维，从而使学生在融会贯通地掌握知识的同时，充分发展自己的创造性能力与创造性人格。美术教学不仅要给学生传授相应的知识、技能和技巧，还要促进学生的智力、意志、情感及创造力的发展。教师在教学中要注重启发学生积极思考，促使他们自己提出问题、分析问题和解决问题。常言道："艺术的本质就是创造"，美术属于艺术的范畴，因而在美术教学中十分注重培养学生的创造能力。

中小学美术教学中贯彻启发创造原则的要求是：

1. 激发和培养学生的学习动机。学习动机是学生内在的学习需求，学生学习的积极性和自觉性都是学习动机的外在表现。所以激发和培养学生的学习动机是进行启发式教学的首要要求。美术的形象性是很容易激发学生兴趣的，我们只要把学习活动安排考虑周到，学生就会产生兴趣，进而强化学习动机。这就要求美术教师在选择教学内容、运用教学方法、把握教学艺术等各方面，都要注意启发学生的学习兴趣。

2. 全面规划教学任务，培养学生思维能力。启发创造原则要求我们，在教学过程中教师不能单纯地向学生传授知识，而要全面规划教学任务，培养思维能力。根据心理学研究，衡量一个人的思维能力如何，可以思维的广阔性、独立性、深刻性、灵活性、敏捷性等方面的发展水平作为标志。思维的这几方面的品质是相互联系而又互相促进的。因此，美术教师要善于引导，利用美术学科的特殊性，力求在美术教学中发展学生的思维能力。

3. 设立问题情境，引导学生积极思考。学生的积极思考常常是从遇到问题开始的，教师应给学生创造独立思考的条件，把教学过程组织成不断提出问题、分析问题、解决问题的过程。为此，美术教师要根据课程特点和学生实际，不断提出难易适度、环环相扣的问题，引导学生积极思考。例如：素描中的明暗交界线是学生比较难以理解的概念，教师可以事先准备衬布、石膏球体，设计相应的问题等，创造问题情境。在教学中，当光线直接照射在球面上时，可将球体分为黑白两部分，再根据照射的情况展开系列问题的问答和讨论，在教师的启发下，通过学生的积极思考，可轻松领会和解决看似十分困难的知识或问题。

（五）愉悦性原则

愉悦性原则就是指在组织中小学美术教学时，要对学习内容进行选择，对学习过程进行合理设计，让学生感到参与教学活动是一件有趣和愉快的事情。

能唤起美术学习兴趣和愉悦感的具体方法有：1.在美术教学中设置与美术教学内容相符的有趣情景、让学生对学习内容产生好奇心和求知的欲望；2.预先设置有趣的活动、新颖的情境、新鲜的活动素材和方式等，提出初步方案，让学生自行讨论，以激发愉悦；3.教师借助巧妙的讲述或是视听教具，使学生在获取知识的同时获得视听的享受，并营造生动活泼的教学局面；4.把新的教学内容与有趣的活动相融合，用丰富多彩的形式表现出来，让学生在积极参与中自觉与日常生活的实际相联系，在愉快的活动中学到新知识和技能；5.将新课题同过去的学习经验特别是有趣的学习经历相结合，让中小学美术教学成为一个不断积累愉悦和自信的过程；6.在教师的引导下，利用分组合作的学习形式，使学生有共同学习、共同攻克难关的伙伴，减轻他们的学习压力和恐惧感，增加他们的学习信心，学生有了信心自然就有了学习兴趣，自然就会产生学习的愉悦感。

美术教学中贯彻愉悦性原则的要求是：

1. 愉悦性原则的应用必须以民主合作的师生关系和民主平等教学气氛为前提，允许学生发表不同的意见，有不同的结论，有保留自己的意见的权利；也允许学生在创作中出现个性化的、奇特的甚至是荒诞的表现或手法，保持宽容的审美态度。

2. 愉悦性原则的应用应避免走向为了"兴趣而兴趣"的极端。有些教师在教学中一味地强调教学活动的兴趣，而忽略了教学的整体目标，使教学活动出现松散而没有计划的现象。

（六）灵活施教原则

灵活施教原则是指教师从学生身心发展规律和教学过程的辩证发展特点出发，结合本土教材、本土文化、本班学生实际，根据教学对象、教学情境、教学条件的不同，机智灵活地进行教学，谋求最佳效果。

中小学美术教学中贯彻灵活施教原则的要求是：

1. 因材施教。每个学生都有不同的社会、家庭、文化等背景，自然就会产生文化基础、素质修养、智商能力等差异。学生对美术的认识有先后、深浅，就产生对美术的理解和领悟的不同。美术教师要充分了解、掌握班级之间的差异和学生间的差异，做到把握尺度，区别对待，开发每位学生的潜能，使学生的身心得到充分的发展。在美术教学中因材施教显得格外重要。

2. 适时而教。指美术教师在教学中善于抓住某个教学环节或某个教学点的最佳时机，适时而教，促成教学成功，取得事半功倍的最好效果；反之抓不住最佳时机则会事倍功半，甚至失败。教学时机要靠教师凭自己的经验、机智准确地去把握。

3. 因势随教。美术教学过程中有时会出现顺势或逆势，是一个动态、变化、发展的过程。美术教师要敏于体察、精于测析，善于把握、巧于转化，随机应变、因势利导，通过点拨的艺术，促使学生在知识、技能、情感、态度等方面朝着健康的方向发展。

（七）精讲善练原则

精讲善练原则要求教师的“讲”尽可能精练，以保证学生能有时间“练”。由于美术教学的时间有限，因此“善练”就成了美术学习的关键。“精讲善练”是中小学美术教学实际的反映，体现了美术教学的重要特点。教师的讲述要“精练”，不必啰嗦，要留有想象的空间，让学生去思考去发挥，留些问题让学生去讨论、分析或联系实际操作，这样可以使学习更主动，教学节奏更鲜明，教学效果更好。在技能学习中，要给学生更多的练习机会和时间，通过练习，理解美术知识、发展能力。配合“精讲”，教师的演示也要“精到”，尽可能让学生在探索中学会学习。

中小学美术教学中贯彻精讲善练原则的要求是：

1. 精讲善练，讲是关键。在“精讲”与“善练”这一对矛盾中，精讲是矛盾的主要方面。因为学生在接受教育前，美术方面的知识几乎空白，完全以美术教师的讲述为主导，根据美术教师传授的课程要求、方法进行训练。教师讲述得好坏，直接影响训练的效果。讲述得好的标准是概念明确，有针对性，重点突出，难点讲透，同时语言要精练、扼要。

2. 明确理论指导与实践操作的关系。美术技能训练是美术理论转化为美术技能的具体途径，学生的美术练习过程就是理解、消化美术理论、原理的过程。“讲”是“练”的前提，“练”是讲的深化。明确了这一关系，“讲”才能克服无的放矢或随意性；“练”也才能克服盲目性和无所适从。

3. 要保证学生练习时教师的主导作用。“善练”的关键是学生要能按照教师讲述的目的、要求和方法进行练习。学生练习本身就是进一步落实教学要求。教师必须随时提醒学生注意，充分发挥主导作用，确保学生能充分发挥主观能动性，灵活地有创造性地完成美术练习。这里所说的落实美术教学要求，并不是要求教师压制、强迫学生一定按老师的某个方法去练习，而是根据教学要求和在美术教师所讲的方法基础上，由学生根据自己的理解有创新地进行练习，这才是真正的善练。

（八）以点带面的原则

以点带面的原则是指要注意发现和培养具有典型意义的学生，通过他们的进步影响和带动全班同学共同进步；或针对他们在美术学习中存在的问题，展开分析、解剖以引起全体学生的注意；又或对某一作品中存在的普遍性问题，进行总结以指导全班同学。在一个四五十人的班级里上课，人数多，水平又参差不齐，要做到面面俱到很不容易。特别是在技能性课业中，各有各的问题和原因，成绩基础也有很大差别。然而，作为全体学生必修的艺术课程，却要使每一个人都得到教益，有所提高。因此，坚持以点带面的原则是必要的，它有助于实现全班的统一要求，也有利于因材施教，使基础好的能多学一点，基础差的能跟上全班的要求。

中小学美术教学中贯彻以点带面原则的要求是：

1. 善于选择典型。选择典型可以是正面的也可以是反面的，可以是学生也可以是作品或是某一个问题，但必须具有普遍性和代表性。不应只将注意力放在成绩好的少数学生身上，要有全局观念。对成绩好的而且对美术很有兴趣的部分同学，可在课外加强美术培养，然后把他们分到班上各小组中去充当小老师的角色，协助老师辅导其他同学。典型的选择还可以年级为单位选择一个班级先行一步，以掌握一个班级对本学科各课题的反映情况，总结经验教训，推广到全年级的美术教学工作中去。

2. 辅导的针对性。在美术技能训练中，完成一项作业一般需要有几个过程，每一过程都有一定要求。应根据学生掌握这类课程可能出现的问题，提出某些注意点。教师在讲解以后的巡回辅导中，随时注意发现学生作业中的有代表性的事例，包括优秀的或不合要求的，通报全班，使全班同学注意效仿或克服。事实上作为一个四五十人的班级的教师，是完全没有时间为每一个学生作具体指导和修改的。及时地、有针对性地通报情况的办法，可以说是美术技能训练教学的主要手段。

（九）参与性原则

参与性原则是指美术教师在教学过程中，创设良好的美术学习氛围，尽可能激发学生，让他们积极主动地、全身心地参与美术欣赏和美术表现活动，从而使他们获得审美的愉悦体验，进而培养他们对美术的兴趣与爱好，提高他们的艺术审美能力。学生的美术参与是一种创造性的参与，是眼、脑、手等包含有视觉、运动觉、言语知觉、直觉等各方面官能的共同参与，而不仅仅是听觉的参与。同时，教师作为教学活动的组织者、策划者，其实也是积极的参与者。教师参与到美术教学活动中间，与学生没有任何距离，与学生共同学习、共同探讨、共同发现，乐在其中。师生之间不仅有美术知识上的授与受，而且还有心与心的情感交流。建立新型的师生关系，改变传统的学习方式等，这些也是实施参与性原则的深层意义。

中小学美术教学中贯彻参与性原则的要求是：

1. 不要为了能让学生参与而太拘泥于刻板的程式和不变的步骤，这样反而让学生难以参与其中，因为美术教学是一种创造性的活动，而美术教学的意义是在生动、活泼、有趣的活动中得以升华的。

2. 要避免把美术教学活动变成片面追求学生的参与、追求热闹的排场，或变成只注重表面效果的游戏。

3. 作为参与者，教师应放下教师的架子，以平视的目光看待学生，尊重他们的每一个学习活动表现，努力发现其中的积极意义，及时给予肯定和鼓励。

综上所述，上述美术教学的几个基本原则是一个相互联系的统一整体，它们相辅相成，相得益彰。在贯彻这些原则时，要善于创造性地加以运用，不能孤立地运用某一原则而忽视其他原则，更不能将其相互对立起来，而应在美术教学实践中使它们相互补充，相互促进，使美术教学健康发展。

第二讲
美术教学方法

美术教学方法是在一定教学思想指导下，为实现美术教学的目标，传授和掌握美术教材，利用一定教学手段，师生相互作用的活动方式的综合。教学方法在教学活动中具有重要的作用。因此，掌握科学的美术教学方法是一个美术教师必须具备的条件之一。它不仅对提高美术教学质量和教学效益有重要意义，而且关系到学生德、智、体、美的全面发展。

一、美术教学方法的基本状况

美术教学方法是随着美术教学活动的出现而逐渐发展起来的。人类早期的美术教学通常选择师傅带徒弟式的个别教学，主要运用讲授、模仿等教学方法。在长期的封建社会里，教学方法发展缓慢。随着科学技术的发展，资本主义社会需要培养各方面的科学技术人才，学校的课程不断增添，班级教学体制的出现，引起了教学方法的革新。一些教育家致力于青少年的心理研究和教学艺术探索，积极推行演示、观察、实验等一系列新的教学方法。20世纪以来，在科学技术迅猛发展和生产水平不断提高的形势下，社会对学校的教学提出了更高的要求。现代科学技术的进步，现代化教学手段的运用以及生理学、心理学的新成就，为教学方法的发展提供了良好条件。近年来，国内外各级各类学校都在进行教学方法改革实验，改革的中心问题是如何更好地发挥学生在学习中的主动性和积极性，更有效地培养学生的自学能力和创造力。改革的总趋势是由传统教学方法逐渐向现代教学方法转变。现代教学方法强调要以综合的、整体的方法论为指导，这主要表现在以下两个方面：一是强调各种方法的综合作用，认为学生任何能力的培养都要由各种教学方法结合起来才能完成；二是强调各种教学方法都应体现师生共同活动的统一，认为任何教学方法都应体现教师的主导作用和学生学习的主体作用。既应有教法的要求，也应有学法的要求，而且特别强调教师要重视对学生学习方法的研究，把重点放在教会学生学习上。

教学方法是在长期的教学实践中不断地积累和发展起来的，是随着社会科学文化的不断发展而发展的。中小学美术教学从20世纪初单纯的图画课或绘画、工艺、欣赏三大课业发展到今天的四大教学领域，其课程体系、课程标准、教学内容与教学目标都有了极大的改变。可见，教学方法是受教学目标、教学内容等制约的，若教学目标与教学内容改变了，教学方法必然也会随之改进和发展。从教学对象来讲，不同时期的学生呈现不同的特征，美术教学方法也要因人而异，具有多样性。因此，任何一种教学方法都不可能包罗万象、一统全盘。目前，人们正在美术课程标准精神的指引下，积极地探索美术教学，各种具有时代特征的美术教学方法正在不断地探索和实验中。

二、美术教学方法的基本特征

美术教学方法的基本特征归纳为：

1. 实现知识、能力、思想素质三者的统一。美术教学方法不仅是为了传授美术知识，也不仅是为了提高能力或思想素质，而是要实现三者的统一。能力是指个人能胜任、完成某种活动所具有的心理特征，思想素质是一个人的行为意识、道德准则与情感、态度、价值观等方面的表现，而能力和思想素质的提升是以一定的知识为基础的，所以，教师在运用适当的教学方法，在使学生获得知识的同时也使他们的能力和思想素质得到提高。

2. 实现美术知识、教师和学生三者的统一。观察中小学美术教育实际情况，就会发现，正确的教学方法受多方面因素的制约。其实，美术教学方法不仅是美术教师讲课的方法，也不仅是中小学生美术学习的方法。作为一个完整的美术教学活动系统，它包括了教师备课、授课，学生课堂学习和课外练习等一系列活动。

3. 体现静态方法和动态方法的统一。在实际教学活动中，有一些教学方法是属于静态性质的方法，如讲授美术知识概念、含义等，通常运用的是静态的方法。因为人们在运用这种方法时，是把美术知识概念、定义当作已经成形或固定的东西来看待的。在美术教学活动中，还有许多教学方法是属于动态性的。例如，所谓“发现法”教学，意即引导学生利用教师和教材所提供的有关材料，亲自去发现结论或规律而成为发现者，运用“发现”教学方法的过程就是一个动态追求的过程。美术教学要善于整合这两种方法，以期取得最佳的教学效果。

三、常用的美术教学方法及其基本要求

（一）以语言传递信息为主的方法是指通过教师运用口头语言向学生传授美术知识、技能和学生独立阅读书面语言的教学方法。语言是交际的工具，在教学过程中是一种非常重要的认识媒体。教师和学生之间大量的信息传递是靠语言来实现的。以语言传递信息为主的方法主要有讲授法、谈话法、讨论法和读书指导法。

讲授法是教师通过语言的描述、说明和解释，系统地向学生传授美术知识的方法。讲授法包括讲述和讲解两种方式。讲述是教师向学生叙述事实材料或描绘所讲对象。如在美术欣赏与评述中，常运用这种方式。讲解是教师用恰当的语言向学生说明、解释或论证。教师在运用讲解方式时，应尽量注意结合实际，使说明、解释和论证更加直观和透彻。

讲述和讲解之间的联系十分密切。在教学中，二者往往是交叉运用，互相结合。它要求教师具备较强的语言表达能力和组织学生听讲能力。运用时要与其他教学方法如启发式、激励式等配合，灵活变换讲授的具体方式。如果运用不当，学生的积极性、主动性可能受到压抑，甚至形成一讲到底的“满堂灌”，这将影响讲授法的效果。

谈话法又称问答法，是教师和学生以口头语言问答的方式进行教学的一种方法。美术教学中的谈话，一般是在学生已有的知识基础上进行的。如风景写生前的观察，可以进行谈话。教师应集中力量，利用学生已经积累的具体的写生概念和写生方法，使他们对观察的对象作出概括。学生通过对景物的主要特征的认识，达到正确地表现对象的目的。谈话法的优点是便于激发学生的思维活动，培养学生的独立思考能力及语言表达能力，唤起和保持学生的注意力和兴趣。教师通过谈话可直接了解学生对美术知识、技能的掌握情况，获得教学的反馈信息。

讨论法是在教师指导下，学生以全班或小组为单位，围绕美术教学的某一问题，如设计和评价以“我为‘奥运’添光彩”、“国庆校园文化周”等为主题的美术学习活动方案，各抒己见，通过讨论或辩论，是获得知识或提升认识的一种教学方法。

运用讨论法的条件在于解决疑难或重点问题。讨论法的优点在于，由于全体学生都参加活动，可以培养合作精神，集思广益、互相启发、互相学习、取长补短，加深对学习内容的理解，还可以激发学生的学习兴趣，提高学习情绪，培养钻研问题的能力，加强学习的独立性。一般在第三、第四学段的教学中采用较多。

读书指导法是教师指导学生通过阅读获得知识，扩大美术视野的教学方法。读书指导法的特点是既强调学生的“读”，又强调教师的“导”。在实际教学中，教师指导学生阅读一般从指导阅读美术教科书开始，因为教科书是学生在学校中获得美术知识的主要来源。与此同时，教师还要指导学生阅读课外美术读物。现在各类画册、美术书刊很多，通过阅读，不仅能深化学生的课内学习，而且还能开拓美术知识领域，丰富学生的审美感知，进而发展综合素质和能力，它还是培养学生美术自学能力的重要方法。当然，教师应该指导学生作好读书计划，选好美术读物。

运用以语言传递信息为主的方法的要求是：

讲授、谈话、讨论的内容要注意艺术性与思想性相结合，科学性、系统性与趣味性相结合。在教学中，思想性要寓于艺术性之中，要根据不同性质的教学内容和学生的实际水平，注意讲授、谈话、讨论的内容的科学性、系统性、趣味性；做到条理清楚，主次分明，重点突出，事例生动。在讲授新知识时要注意与旧知识衔接，突出难点、重点和关键的地方，由浅入深，循序渐进。

教师的语言要清晰、简练、准确、生动，并富有艺术性。师生的活动是以语言为中介的。教师语言素养的高低，直接影响着教学效果的好坏。教师要善于把教材上的书面语言转化为适用于教学的口头语言。语言表达要有艺术性，语调要抑扬顿挫，讲话的节奏快慢适中，普通话要标准，可适当以身体动作和手势为辅，加强语言的表达效果。有些美术教师不重视语言表达，认为美术课就是指导学生画几张画而已。其实，无论哪一种美术课，不管它完善到什么程度，都不能代替教师明确、生动的教学语言。教师的教学语言艺术是向学生传授美术知识和技能的关键之一。

善于设问解疑，激发学生积极的思维活动。无论是讲授、谈话，还是讨论和指导学生独立阅读，都需要教师精心设计一系列问题，组织和引导学生解决疑难，使学生的思维活动不断处于积极状态。因此，教师要根据教学的需要和教材内容的特点，精心设计富有启发性和思考价值的问题，并要依据学生的美术知识与能力情况，使这些问题明确具体，难易适度，充分调动学生学习的积极性。

恰当地配合和运用板书。板书能增加语言艺术传递信息方法的直观性，更好地帮助学生理解教学内容。板书要简明扼要，文字规范。注意将主要的内容如美术术语进行板书，以加深学生对教材的印象，并起示范作用。

（二）以直接感知为主的方法是指教师通过对实物和直观教具的演示和组织教学性参观等，使学生利用各种感官直接感知客观事物或现象而获得知识的方法。其特点是具有形象性、直观性、具体性和真实性，体现了美术学科教学以视觉教育为中心的特点。以直接感知为主的方法只有和以语言传递信息为主的方法合理地结合起来，才能保证教学效果的提高。以直接感知为主的方法包括演示法和参观法。

演示法　是教师在课堂上通过展示各种实物、直观教具，进行当堂示范或采用现代化视听手段，指导学生通过观察获得感性认识的教学方法。演示法直观性强，能使学生获得具体、生动、真实的感性认识，对提高学生的学习兴趣，集中注意力，发展学生的观察能力、想象能力、思维能力等具有重要作用。

在教学中，演示的手段大体有三类：第一是实物或模型、图片等的演示，目的在于使学生获得某一事物或现象的外在感性认识。第二是用连续成套的模型、图片或幻灯、录像等，进行序列性演示，使学生了解描绘与欣赏的对象及其发生发展过程。特别是现代化的教学手段如录像、影视等的演示，能突破时间、空间的限制，使教材内容由静态变为动态，使抽象的理论具体化。第三是教师的示范动作或制作等，包括板绘示范。

在演示过程中，教师要注意演示内容与演示形式的高度统一。首先，用以演示的材料要能够突出显示所学内容的主要特征，应按教学要求慎重选择出示的实物、图画资料，做到图像清晰、主题明确，范画步骤图鲜明、准确而富典型性、示范性，画幅大小适度。其次，课堂示范表演准备充分，简明扼要，方法步骤清晰，形象生动准确，色彩明快简洁，放置的位置、角度、大小适宜。再次，演示适时，时间先后长短恰当，示范可以是绘制的全过程，也可以是局部技法提示，对作品的重点、难点部分，可以突出演示，便于学生理解、学习。

参观法　是教师根据美术教学任务与特点，组织学生到美术馆、博物馆、艺术遗址、名胜古迹等文化艺术场所，通过对美术作品、艺术遗迹的观察和学习而获得生动、具体的美术观念与知识，使美术教学达到高度的直观性要求。

在参观中，教师要注意培养学生的参观兴趣，强化他们的知觉，把思维导向需要的方面。如参观美展时，首先要对整个展览有一个全面的了解，无论是主题内容、风格形式，还是具体表现等，都要先从整体去分析比较，再引导学生分析各部分之间、各画种之间的关系。在参观中，还要注意结合课业实际，教给学生必要的透视、构图、明暗、色彩、解剖等美术基础知识，用理论指导参观。又如对中国传统艺术遗址的参观考察，不但能增强学生对中国古代美术的感性认识，还能增加学生的历史文化感，激发学生强烈的民族感与爱国热情。参观法打破了课堂和教科书的束缚，使教学与生活、创作密切地联系起来，能扩大学生的艺术视野和感知，增强学习的积极性。

运用以直接感知为主的方法的基本要求是：

事先做好准备工作。教师在教学中运用演示法和参观法，必须根据教学内容和教学任务的需要，做好准备工作。如采用演示法时，要事先选择、检查演示教具和范画工具材料，进行课前试作等。采用参观法时，要订出参观计划和步骤，明确参观目的和要求等。

引导学生有目的、有重点地进行参观考察。无论是演示，还是参观，都要提出问题，让学生有目的、有重点地去观察、去思考。其中，教师要适当结合讲解、谈话等方法，引导学生把注意力集中到观察的对象上，把感知与理解结合起来。同时，教师还要教给学生观察的顺序与方法。

引导学生做好总结工作。演示和参观结束后，教师要组织和引导学生通过问答、练习、讨论等方式，把观察的印象与书本的知识联系起来，使这两种方法真正起到获得感性知识，验证和理解美术的作用。

（三）以实际训练为主的方法是通过练习等实践活动，使学生巩固和完善知识、技能、技巧的方法。这一方法是以学生的实践活动为特征的。通过实践活动使学生对美术的认识向高层次发展，把技能变为技巧。教育心理学研究成果表明，技能包括外部动作技能和内部的心智技能两方面。技能技巧的形成与完善，始终是动作技能与心智技能相互联系、相互依存。特别是美术表现技能的形成，始终受心智技能的支配与调节。美术技能不仅仅依靠语言传递，还必须依靠大量的实际训练。

练习法是以实际训练为主的方法，其练习手段包括视觉、记忆、创作三个方面。练习法是指在教师指导下，巩固知识、运用知识、形成技能技巧的方法。练习法的特点是，技能技巧的形成以一定的知识为基础，练习具有重复性。美术教学中很多教学内容属技能、技巧方面，练习法在教学中是经常广泛使用的教学方法。恰当地组织学生课内外练习，可以使学生在反复运用的过程中，更加牢固地掌握美术知识与技能技巧，提高美术的表现能力，并且还能培养学生的意志和克服困难的精神。

练习时要注意系统性、经常性、循序渐进，逐步提高。根据教学内容和学生的情况，由浅入深，由易到难，由单一到综合，由临摹到写生，最后发展到创造性练习。练习的次数与时间分配要适当。美术技能技巧的形成，需要足够的练习次数和练习时间，但要根据具体的教学内容与学生的年龄特征而定，并非越多越好。要求学生在理解的基础上，有条理、有方法、有步骤地练习。注重学生的个性与创造性也是非常重要的。美术练习极富个性，不可能要求大家一个样，在掌握基本规律与方法的前提下，积极鼓励学生作富有个性和创造性的练习与探索。

在教学中，运用以实际训练为主的方法的基本要求是：

精心设计和指导训练活动。教师必须事先对练习活动的目的、内容、要求和程序作出周密的选择和设计，确定活动的方向，提高学生实践的自觉性和积极性。在实际练习过程中，教师要来回巡视，对学生练习中出现的困难与问题，要进行及时的指导和解决。当场示范是指导学生的一个好办法。

调动学生的实践积极性，培养动脑、动手的实际绘制能力。实际绘制能力，就是手脑并用去表现客观物象的能力，是在美术活动中形成的。在学生进行练习的过程中，教师要尽可能激发学生的积极性，使他们学会独立完成作业或任务，逐步提高美术感知与表现能力。

重视作业训练结果的总结和反馈，培养学生自我监督、自我检查和自我评价的良好习惯。教师要注意对学生作业和训练活动结果的检查、总结和分析。让学生及时从反馈的信息中获得比较和肯定，有所提高，增强学习的兴趣和信心。

（四）以欣赏活动为主的教学方法是指教师利用教材规定的欣赏内容，使学生通过观赏美术作品及其他艺术形式，体验其艺术表现力，借以陶冶学生的情感，培养学生正确的态度、趣味和一定的审美能力的方法。在教学中，不少教师往往只注重知识技能的传授和训练，忽视艺术思维、审美能力与综合素质的培养，而这些方面在人的成长过程中又具有很重要的作用。因此，现代美术教学很重视以欣赏活动为主的教学方法。

欣赏法，即以欣赏活动为主的教学方法。其主要特点是通过教学中的各种欣赏活动，其中主要是对美术教材中所规定的美术作品的欣赏，使学生在认识作品的美术价值之后产生出积极的情感体验和审美愉悦。中小学美术教育主要是以情感体验为主，由知觉欣赏逐步进入理性欣赏。教学中，欣赏法表现出两种类型：一是欣赏作品的审美特质。美术作品不同于其他艺术形式的独特的审美品质主要表现为：造型的美感、色彩的美感、线条的美感等。二是欣赏作品的特殊美，中国画、水彩画、油画、年画、剪纸、动漫卡通画等因画种不同而具有独特的美。美术作品所使用的物质材料和工具既是创造艺术形象的重要因素，也是构成作品审美价值的重要因素。它们各自具有不同的艺术表现力和美感。

欣赏法在教学中常与其他方法结合运用。它是一种常用的、主要的教学方法。运用以欣赏活动为主的教学方法的基本要求是：

激发学生的欣赏兴趣。在欣赏前，教师可向学生讲述有关的创作背景、逸事或联系学生的生活经验等，唤起学生的欣赏欲望。

引起学生强烈的情感反应。欣赏活动是为了感受美术作品的情感，而产生情感是理性欣赏的前提。欣赏过程中能否激起学生的情感，关系到欣赏活动的效果。

指导学生的美术实践活动。在学生产生强烈情感的基础上，指导学生进行绘制、创作等实践活动，通过实践活动，进一步抒发他们的感情。

培养和建立正确的欣赏态度和多维的欣赏方法。这是欣赏教学活动的重要任务之一。在欣赏教学中，应避免对作品简单化、概念化的理解，应将美术作品视为社会、历史、文化的结晶，是艺术家生命的一种表现形态，是艺术形式发展的必然结果等，要进行多角度、多层次的立体考察。

（五）以引导探究为主的方法是指教师组织和引导学生通过探究或研究活动而获得知识的方法。这类方法的特点在于，在获取知识的过程中，要使学生的独立性得到高度发挥，进而培养和发展其探索能力、活动能力和创新能力。在这一方法中，教师有意识地让学生有较大的活动自由，自己作为成员参与到学生的探究活动中去。但这并不意味着可以离开教师的指导，相反由于学生探究活动的复杂化，要求教师的指导更加细致和全面。由于学生的探究活动是在学校教学条件下进行的，所以教师在向学生提出探究性任务时，一定要考虑到美术课程标准的原则和素质教育的要求。以引导探究为主的教学方法主要有发现法。

发现法，又称“探索法”，是学生运用教师按发现过程编制的教材或材料进行“再发现”，以掌握知识并发展创造性思维与发现能力的一种教学方法。

在美术教学中，教师为了引导学生去探索美术教学内容中的某一知识，加强学生的记忆和解决问题的能力，往往采用发现法。例如教师提供各种不同风格流派的作品，让学生识别其风格特征及创作年代；再如色彩练习中，组织学生画出不同色调的画面以探索色彩对人的情绪的不同影响等。运用发现法时，一般先创设问题的情境，提供必要的材料或指导学生收集素材，让学生去发现、探索要解决的问题，再从实践上、理论上去检验、证明，从而得出结论。对于太简单或太复杂的内容以及资料性的内容，不宜采用发现法。

运用以引导探究为主的方法的要求是：

依据教材特点和学生实际，落实探究发现的课题和过程。给学生提供充分的有关材料，使学生利用这些材料能解决提出的问题。

严密组织教学，积极引导学生的发现活动。学生的探究、发现绝不是一种自发的、随心所欲的活动，它是在教师的严密组织和积极引导下进行的。学生在发现的过程中可能遇到各种障碍，教师要随时帮助、启发和引导学生进行联想、对比和分析，使学生的思维活动不断深化。

努力创设一个有利于学生进行研究发现的良好情境。使学生在发现学习的过程中，始终保持注意力高度集中、思维极其活跃、探索精神十分旺盛的最佳状态。

以上介绍了五种常用的美术教学方法。需要指出的是，美术教学方法多种多样，没有一种是万能的。美术教师应根据教学的具体任务、具体内容及学生的年龄特征、班级和学生个人的特点，恰当选择和灵活运用各种教学方法；教师可结合自身优势，扬长补短，可利用各种有利因素，积极创造条件进行美术教学活动，提高美术教学质量与教学效益。

四、美术教学中现代教学媒体的运用

教学媒体指的是在教学过程中，教师与学生之间传递以教学为目的的信息所使用的媒介物，是众多教学材料的总称。现代教学媒体是与传统教学媒体比较而言的。传统教学媒体又称普通教学媒体，包括教科书、模型、范画、黑板等；现代教学媒体又称电子技术媒体，包括幻灯、投影、电影、电视、激光视盘、电子计算机等。在当今美术教学中，现代教学媒体在教学传播中的作用和地位越来越受到重视。借助现代教学媒体，充分调动多种感官，实现美术信息传递的多渠道化，可以加强学生对美术知识的感知度，提升吸收率，有利于学生的记忆、理解和应用，促进由知识向能力的转化。中小学美术教学的现代化，离不开对现代教学媒体的运用。美术教学中现代教学媒体的运用既是一种方法，也是一种手段。

（一）现代教学媒体的分类和特点

现代教学媒体由硬件和软件构成，这是两个相互联系的要素：硬件或叫现代教学设备，即用以储存和传递教学信息的多种教学机器，如摄录器、计算机、投影仪、操纵台、显示屏等；软件又叫音像教材，即已录制的、承载了教学信息的各种片带，如教学幻灯片、投影片、录像带、视盘等。

中小学美术教学中的现代教学媒体，大致上可以分成三类：电光类，包括幻灯机、投影器等，以及相应的教学软件；影视类，包括电影放映机、电视机、录放像机、视盘教学机、闭路电视系统等，以及相应的教学软件；计算机类，包括程序学习机、计算机教学系统等，以及相应的教学软件等。

美术教学中各类现代教学媒体的特点如下：

电光类媒体的教学特点：能使学生在静止状态下观察扩大了的图像；能将造型要素的局部放大显示；放映时间可长可短，不受限制；教学软件的制作比较简单；投影仪可以当黑板使用。

影视类媒体的教学特点：能给学生视觉、听觉两方面的信息；能以活动的图像，连续、系统地呈现美术作品和造型过程的步骤方法；能重复技能示范，更有效地表现过程；能将教学内容情景化，加深学生的理解与欣赏；通过特写、定格等特技可将学生注意力直接引向教学的主要方面。

计算机类媒体的教学特点：能长期贮存大量教学资料，供师生在任何时候检索；能为学生创造良好的自学条件，使他们按照自身的水平和能力进行学习。

（二）现代教学媒体的功能和作用

现代教学媒体在美术教学中有以下基本功能：

它能不受时间、空间、微观、宏观的限制，将教学内容中涉及的事物、情景、过程，全部再现于课堂，让学生通过事物的形、色、声的变化和发展等，去获取知识，掌握技能，而不是通过信息的抽象、事物的符号去获取知识。它能使学习和教学在希望或需要的时空进行。它使抽象概念形象化，从而使教学变得直观、明白、易懂。

由于现代教学媒体具有上述优异功能，因此，它能在美术教学中发挥重要的作用。一般认为，它主要有以下作用：

提高教学质量。充分利用现代教学媒体对学生进行知识技能教学，能够促进学生知识技能的发展。现代教学媒体教学，生动、形象、感染力强，易于激发学生的学习兴趣；对学生知识技能发展的每个环节：感知、理解、记忆、应用等，都能起到有益的影响。它还能更好地适应学生的个别差异，实现因材施教。

提高教学效率。学生的学习，对知识的掌握，是通过多种感官（眼、耳、鼻、身）把外界信息传递给大脑中枢而形成的。这些感官的功能各异，其中数眼最灵，耳次之。在学习中，眼、耳、脑的功能发挥得越好，学习效率就越高。这是一个规律。现代教学媒体的运用，可以大大延伸人体，特别是眼、耳和脑的学习功能，因此能够提高学习的效率，扩大教学规模。

当然，强调现代教学媒体的运用并非否认传统教学媒体，而恰恰要求在实践中注意两者的结合，灵活运用。当今美术教学日益注意综合运用多种媒体，以不断提高教学效率和效益。教学媒体发展的主要趋势是传统教学媒体与现代化教学媒体的融合，逐渐形成一个完整的美术教学媒体体系。

“微格教学”是当代重要的多媒体美术教学形式，我们将在第七课中作专题介绍。

第三讲
中小学美术课堂教学的基本环节

中小学美术教学工作由不同环节组成，各个工作环节间具有相互联系、相互衔接、协调作用的特点。其中最基本的环节有备课、上课、作业、辅导、评价等，这些主要的教学工作环节各自都具有自身的基本结构、工作程序和实施要点，从而构成一个完整的教学工作系统。要全面提高美术教学质量，就必须认真研究教学工作的基本环节，并对其中的每一环节都提出质量要求。

教师是教学工作的实施者，对教学环节的准确把握和协调应用是教学的前提，认真按要求处理好每一个教学环节是教师教学工作的全部追求。要想获得美术教学的基本能力，圆满完成美术教学任务就必须认真研究教学环节，熟悉每一个环节的基本结构、工作程序和实施要点，从基础工作做起，因为教学基本能力就是在教学实践中学习钻研、严格操作、锻炼积累而成，探究和实践是造就能力的主要途径。

一、中小学美术教师的备课要求

备课，指的是教师在上课前的教学准备。上好一堂课的前提就是充分备课，它对教学工作的意义重大。如果课前的准备工作做不好，课堂教学就难以搞好，即使有经验的老教师也如此。同样，备课是中小学美术教学工作的首要环节，也是造就美术教师教学能力的第一环节和前提条件，是加强美术教学的计划性和预见性，有效提高教学质量的重要保证。美术教师通过备课，对教学工作作系统深入的思考与规划，对教学原则、方法和实施程序作深入的理解和把握；通过备课不断积累经验、提高水平，是形成教学能力的第一个重要方面。备课是所有中小学美术教师都必须认真对待的工作，也是美术教师接受培训或自我研修的一条途径，来不得半点虚假和马虎，而需要精心设计和合理安排，教学方案的粗陋或缺失，则都可能会导致教学的失败。中小学美术教师在备课中应该努力做好以下几个方面工作：

（一）把握标准

美术教育学科的特殊性决定了美术教学任务的复杂性、教学内容的多样性、教学方法的灵活性，再加上学生情况的复杂多样，因而美术教师的备课成为教学复杂系统的首要内容。这要求其首先对《义务教育美术课程标准》展开认真、细致、深入的学习，熟悉其内容，领会其精神，把握其要求。将课程标准所倡导、规定的美术教育基本理念、课程价值逐一落实和体现到教学过程中去，理解执行其中的教学建议、评价建议，通过备课将课程所规定的教学目标逐步地化解成为富于科学性、逻辑性，条理清楚，指向分明的教学指标体系；变成为生动活泼，充满互动魅力的教学行动方案。

为体现课程标准的精神，具体落实标准的要求。备课应遵循如下工作原则：

·教学目标决定性原则。美术教学必须依照教学目标展开，是有计划有目的的活动，无论是一个学段或一个学期，还是一个单元或一节课，都应该在教学目标体系的规定下，在以学习活动方式划分的四个学习领域中设计与展开。只有确立了教学目标，才能选择相应的教学内容，确定教学重点、难点，选择教学方法和作好一系列教学准备。例如，那些单纯传授理论、知识和训练技能的教学方式，就从根本上背离了美术的教学目标。因此，明确教学目标是有决定性意义的。

·教材内容调整性原则。教材是课程的媒体，是静态的教学内容表述方式。作为中介和“桥梁”，教师对教材的价值应有正确的认识。传统观念要求教学必须遵循教材要求，不得越雷池一步，教材是教育的“圣经”，教师必须在规定性的原则下照本宣科。这显然与现代教育理念大相径庭，因为一套相对静止的教材永远无法承载一个瞬息万变的时代。过去我们似乎要让教材成为学生的整个世界，而实际上教材只容纳了一小部分信息，只是学生认识世界的众多媒体之一。基于这样的认识，我们认为教材只不过是连接学生和教师之间的桥梁，教材只能起“中介”和“话题”的作用，教材上的东西不可能绝对正确，但它却可以引领师生围绕这一主题共同探究，在学习过程中获得学习的方法。美术教材为教学设计了许多有关美术的“话题”，提供了一个教学的方向，备课时应把握教材指定的方向，在“话题”的基础上，展开“以点带面”式的深入思考，让美术学习在更宽泛的情境中展开。教师要根据各自的条件和环境，发挥创造性，扩展更大的教学空间，把教材用活用好。

·教学对象的主体性原则。备课中明确美术教学目标，掌握教学内容，是为了使学生能在师生共同参与、互动交流中学会学习，达到学习目标，成为学习的“主人”。因此，备课时必须充分考虑学生的身心特点、具体条件、认知水平、接受能力等，尊重与爱护学生；同时，还要求教师对人的个体性、独特性、多样性给予充分尊重，并以此作为教育、教学的前提。只有这样，才有可能使学习主体在教学中活动起来，思维活跃起来。

·教学方式方法的适应性原则。美术教学必须通过一定的教学方式、方法使学生掌握教学内容，完成教学任务。因此，备课中必须充分考虑所采用的教学方式与方法是否与教学内容相适应，能否适合学生的实际，能否有利于完成教学任务，实现教学目标。教师要根据其生活经验、兴趣、意向、需要、情感等选择相适应的教学内容和教材，设计其乐于接受的教学方式和方法等。总之，中小学美术教学是一个传授美术文化知识技能，进行素质教育的动态过程，一切不适应当前教育要求的教学方式和方法，都不可能达到预期的美术教学目标。

·教学效果的预见性原则。备课是为了上好课，完成教学任务，达到教学目的。因此，美术教师在备课中还应尽可能预见到教学环节过程的有利和不利因素，预见到教学的大致效果等，才能使备课既有客观控制又有微观调节，确保教学活动的正常进行。心中有数，才能赢得教学的主动，有效克服教学中的盲目性，开拓生动活泼的开放性的课堂教学局面。

（二）认知主体

备课是为了如何教，而解决如何“教”的目的是为了引导如何“学”，学生是学习的主体。因此，了解学生成为备课的最重要的环节。那么，在教学中我们应该如何认识主体、摆正主体和主导之间的关系呢？我们认为：应该强调学生在学习过程中的主体地位，在以人为本的教育观念指向下，强调学生是具有思想、意识、情感、欲望、需求以及各种能力的活生生的人。所以，教学的基本出发点和最终归属都应该是人，是成长中的人，是独一无二的人。

强调学生在学习过程中的主体地位，意味着不仅将学生当作教育的对象，更应切实将他们看做是教育过程的平等参与者、合作者、教育与自我教育的主体。因此，在美术备课时，要求了解并尊重学生的感受和体验、需求和愿望，帮助学生在学习中学会自主，倡导自主学习、探究学习与合作学习。鼓励学生与他人互动，与环境互动，与人类文化互动，促进自身进步。要求美术教师尊重和爱护学生，了解和沟通学生的心灵。备课时，应该做到：了解学生的知识基础、学习态度和方法，包括他们原有的美术学习兴趣、爱好和习惯。也要了解他们的思想状况、个人特点、文化背景、年龄表现特征以及家庭经济情况、社会环境等，只有在尽可能多地了解学生的基础上才能准确确定本节课的重点和难点，做到有的放矢。了解学生的途径，除在日常教学中仔细观察和长期揣摩外，还可以通过座谈与家访等方式进行。

（三）钻研教材

教材是教学的主要依据。毫无疑义，钻研教材是搞好教学的重要基础。同样，钻研美术教材也是美术教学备课的一项主要内容。钻研过程中应注意：理解教材、分析教材和处理教材。即仔细研究美术教材的每一个单元、每一课程，深入了解和掌握其中的知识内容和图文材料；对照教学目标，理解教材所蕴涵的教育价值取向；根据美术课程标准、课程目标和学生的实际情况，确立对教材这一教学“话题”系统进行线性的发展和“点”上的扩充、泛化。所谓“线”和“点”上的工作要求，是指钻研教材后，经过“熟、透、化”的三个过程，把每一节课的内容化为自己的认识和理解，纳入自己的知识体系，并根据学生发展的需要，结合实际的情况，对照教学目标，将教材进行为我所用式的改造，列好教学预案，将教材的课题化为引导教学的“话题”，成为教学活动展开的索引和载体，并能用自己的语言准确地表达出来，让教材内容主次分明、详略得当、针对性强、趣味性浓地在教学活动中展现出来。

钻研教材的要求：

· 把握整体与钻研细节相结合。即先要理解全部图文，掌握教材全部的内容，理出教学与知识的层次、难易、主次；进而深入仔细推敲，分析把握教学中的重点、难点问题，酝酿教与学的合理程序与方法，最后又从整体角度来审视和调整预设的程序与计划。

· 重视双边活动。教学是双边活动，教材钻研的唯一目的是为学生的“学”。因此，要充分预计学生的反映，适合学生的情况等，应该站在学的立场上来认知教学和钻研教法。

· 教材是可以根据教学实际来调整的，不可将其理解成是唯一不变的静态的经典，根据课程目标，用活用好教材是我们的希望。因此，中小学美术教师还可根据课题要求，积极创设教学情境，有针对性地补充教学材料。

（四）设计教法

教法是指教学程序安排、教学情境设置和教学方法运用等的统称。如果说钻研教材是为了解决“教什么”的问题，那么设计教法则是为了解决“怎么教”的问题。上课时，即使作好了“钻研教材”和“了解学生”的准备，但若施教不得法，则教学也可能失败。画论说“画无定法是为至法”。其实，美术教学方法也是如此，人们一方面要求美术教学方法有规律性、科学性和稳定性，另一方面又要求它有多维性、多样性和灵活性。唯有如此，才能与当今中小学美术教学日趋提升的要求相适应。从教学方法设计与运用中，完全可以反映出一个美术教师的教学能力、经验和备课的状态。

设计美术教法的依据是：

· 依据教学目标。每堂美术课都要实现一定的教学目标，目标不同，教学方法相应也不同。例如，欣赏与评述的教学目标要求培养学生的审美鉴赏能力，相应的为达到这一教学目标就应该：设计欣赏与观摩的教学情境，安排讨论与交流的教学程序，运用谈话与语言表述的教学方法等。教学目标决定采用何种教学方法，而不是教学目标去迁就教学方法。

· 依据教材内容。教学目标是通过学生在教学过程中掌握特定的教学内容来实现的。不同美术学科门类，中小学美术不同教学领域的教学课题有不同的常用的教学方法。如绘画类与工艺制作类美术课所使用的教学方式、程序不同，教学方法也不一样。因此，应该根据课程内容特点，不墨守成规，创造性地运用教学方法，以开创生动的、有新鲜感的、吸引学生乐于实践的教学局面。

· 依据学生的情况。学生是学习的主体，学生的学决定了教师的教。因此，教学方法必须满足学生的需求与意愿，适应学生的年龄、个性特征与认识水平等实际条件。总之，教法应与教学对象相适应。

· 依据教师本身的素养条件。教师的素养制约着教法的实施，这是很明显的事实。中小学美术课程标准向任课教师提出了很高的素养要求，教师素养的缺失直接影响教法的顺利运用，直接影响教学效果。教师的综合素养不同其上课的教法就会不同，教学效果也会大相径庭。因此，要求中小学美术教师自觉努力学习，不断完善自我，力求掌握更多的教法，不断提高教学水平。

确立美术教法的要求是：

· 教法要符合美术教学规律。教法本身无优劣的分别，但运用于教学时却有是否符合教学规律的问题。教法没有严格固定的对象和绝对的目标，针对不同的教学对象与不同的教学条件而采用不同的教法，这才是明智的选择。

· 教法要符合美术教学原则。美术教学原则是对美术教学实践经验的总结和概括，美术教师在确定教法时要遵循与符合美术教学的原则。例如，在展开活动性美术教学时就离不开审美性、游戏性、快乐性原则的指导与规范。

· 教法要有启发性、针对性、灵活性和创造性。这是与课程教学目标相应的教法要求。根据美术教学样式一般将教学方法归纳为：讲授法、演示法、练习法、谈话和参观法等。现代美术教学要求在更广泛的文化情境中展开，具有综合性的教学效果，这就要求教学方法也应是富于启发性、针对性、灵活性和创造性。可以根据教学实际的需要，创造性地运用原有的基本教学方法，还应该创造新的教学方法，唯有如此，才能达成教学目标，实现美术课程的教育价值。

（五）课题情境

美术教学的一个重要环节就是依据课题要求设计课题情境。对情境的要求是现代美术教学的一个重要标志。让教学主体在预设的教学情境中交流与互动，会取得很好的教学效果，这是简单地运用其他教学方式方法难以达到的。因此，备课时要求美术教师吃透课题要求，理清教学程序，调动一切有可能达到的教学手段和物质条件，营造与课题要求相符的课题环境与教学氛围。对课题情境的要求不仅限于物质方面，而是一种普遍地融入教学所有环节的基本性要求。因此，要求美术教师按课题要求深入细致地做好教学用的一切物资准备，包括直观教具、学习工具、作品图片（示范画、参考图例）、纸张颜料、画板画具等，还包括运用各种生动有趣的教学手段，如电影、电视、录像、范画、参观、访问、旅游，甚至故事、游戏、音乐等方式引导学生，增强对形象的感受能力与想象能力、激发学生学习美术的兴趣。

总之，熟悉把握标准，是教学的前提，认知主体、钻研教材是教学的基础，课题情境是教学的必要条件，设计教法是完成任务的手段。

（六）编写教案

教案，又称备课计划，是教师实施教学活动的具体方案，也是教师上好每一堂课的基本保证。美术教师备课的最后一个环节就是编写教案，它是教学活动的具体记录。编写教案的意义在于：让教师把备课中所考虑的各种教学活动设想都明确地体现在教案的图文之中，使教师的备课更加系统、准确、深刻。备课的过程其实就是深化教师的教学思想的过程，同时，写好的教案又可以成为教师教学的备忘录和进一步改进教学的依据。

编写教案是中小学美术教学备课的重要内容，其中我们将板书设计、范画制作等也归属为教案的范畴。关于编写教案的方法、要求、格式和范例以及板书、范画的规范和要求等内容，请学习第八课第一讲，“中小学美术教案的撰写”。

二、中小学美术教师的上课能力

上课能力，是教学艺术的集中表现，是教学能力的直接反映，是一名合格中小学美术教师必须具备的能力。上课能力通常集中表现在课堂教学中，因为美术教育思想是通过教学的理性和规律、手段和方法艺术地反映在课堂教学的每一个环节上，在“寓教于乐”的追求中得以展示。因此，课堂教学是中小学美术教师的基本功，它不仅能展现教师的教学水平，而且直接影响、感召学生，共同达成互动的教学效果。可见，美术教师是通过课堂教学艺术的追求与训练来获得上课能力的，或者说上课能力就隐含在课堂教学完美的艺术化追求当中，上课能力是每一位在校高等美术师范学生必须通过刻苦训练才能获得的重要的基本能力。我们将其大体归纳为：组织教学的能力和语言教学的能力。

（一）组织教学的能力

组织教学，是指教师在课堂教学中，采用一系列富于创造性的充满美感的协调控制办法。它保证教学的顺利进行，贯穿于教学活动的全过程。包括迅速地组织课堂秩序，导入新课，利用教学反馈，组织教学过程，处理偶发事件，搞好教学总结与反思等。组织教学能力是上课能力的重要组成部分，培养能力应该注意以下方面：

• 遵守规则、养成习惯。教学规则是教学双方约定俗成的做法，学校一般都建有较为完整的规范，是维持教学活动正常展开的常规，成为学校师生自觉遵守课堂秩序的行为依据。例如：教学常用的礼节程序（上课，起立，同学们好，老师好等），学生遵守教学纪律的行为规范（不说笑打闹，不做与教学无关的事情等）。遵守纪律是搞好教学的保证，并要形成常规。因此，美术教师除自己要以身作则遵守常规外，还应注意不要轻易地打破常规，而是要在美术教学目标要求的规定下，让常规促成学生高度自觉的学习行为，巧妙地利用常规组织教学，形成生动活泼的教学面貌。

• 激发兴趣、寓教于乐。激发学生学习兴趣是组织教学最重要的内容。由于当前中小学美术教育对学生的升学、谋职的影响微乎其微，要求学生像学语、数、外等课程那样努力地去学习美术的可能性不大，除非是那些天生对美术就有着极大兴趣的学生。因此，美术学科要想切实地按教学目标展开教学，就应该注意研究学生的兴趣，培养学生的情趣，抓住学生的心理需要，随时调节教学方法，在教学中糅入快乐、轻松的气氛，将复杂的知识概念简化、形象化，把知识、技能寓于兴趣、情趣之中，与学生的生活经验、情绪、情感、态度的体验结合起来。

• 加强注意、培养坚持。注意是心理活动对一定对象的指向和集中。中小学学生的注意力有其自身的特点，教学中集中注意的时间并不长，大约20至30分钟，年龄越小，注意时间越短。教师应该认识这个规律，因势利导，切不可强制。教师应该从感性形象入手，穿插生动的使学生感兴趣的内容、故事，运用生动活泼的教学手段和形式，切不可“玩高深、玩抽象、玩哲理、玩概念”，使学生在枯燥的理论面前感到疲倦，应该使学生动起来、做起来，游戏起来，快乐起来。调度多维感知与注意，使学生感到学习是一个紧张而又愉快的过程，唯有如此，学生集中注意力的时间才可能长一些，学习精力才可能旺盛，教学效果才会好。因此，培养学生注意力的坚持性是教学组织的一个重要方面。

• 创设情境、注意过程。教师应该调动各种生动有趣的教学手段，如影视、范画、参观、访问、旅游等，甚至以故事、游戏、音乐等方式引导学生增强对形象的感受能力与想象力，激发学生学习美术的兴趣。利用一切可能利用的美术教学课程资源，创设美术教学情境，组织教学，使美术教学从单纯的技能、技巧学习层面提高到美术文化学习的层面。让学生在过程中体验学习的乐趣，增长知识，学会学习，获得情感、态度、价值观的良性变化，这应该是组织教学的重要目标。

组织教学的方法很多，大致可归纳为控制、引导、指导三类。

·控制。教师用控制方式组织教学，能做出迅速有效的交流与反映。课堂气氛的优劣往往取决于教师的控制力，若缺乏控制，则课堂秩序易混乱；控制不当，易造成学生心理压抑，不利于学生的身心健康。所以要求教师在组织教学时具有恰当的控制力。控制手段一般有语言的、非语言的、动作的、非动作的，全凭教学机智，灵活应用。

语言控制。这是一种常规的组织教学手段。“请同学们坐好”，“请把书打开”，“请不要讲话”等，语言控制贯穿于组织教学的始终，它可以使学生按教师的要求进入学习状态。

教态控制。在美术教学中，有些教师不直接使用语言，而使用诸如环视、凝视、停顿、微笑、点头等，用举止调控学生的注意。例如，环视可以表示期望与鼓励，停顿表示引起注意，凝视表示提醒，微笑表示赞许，点头表示肯定等，可表达丰富的教学意识理念，起到组织教学的效果。教师利用经验和智慧，把握分寸，构成“此时无声胜有声”的教学艺术境界。

动作控制。动作可以起到组织教学的积极作用。教学活动中，美术教师生动活泼的举止动作是激起学生参与热情和兴趣的最好榜样。通常美术教师用敲击、巡视等动作来组织教学，当语言或非语言组织失控时，就会采取动作控制，例如敲击黑板或桌子，用紧急声响引发学生注意等。但这种控制方式应该谨慎使用，因为，其副作用就是拉开了师生间情感的距离，破坏了平等互动、交流共享的教学气氛。

机智控制。指课堂上所遇到的偶发事件，教师机智地应变事态，控制事态的发展和影响，巧妙地将学生的关注引入正常，进而随机应变调整教学主题。处理偶发事件是组织教学的难点，要求教师遇事不乱，保持头脑冷静，情绪镇定，因势利导，随机应变，果断处理，切不可简单粗暴等。

·引导。教师采用充满情感、亲切、热情的语音，对学生加以引导、鼓励，从而使学生增强自信，积极主动地学习。组织教学的引导方式可归纳为两个方面：

鼓励。美术教师在教学中要尊重和爱护学生。他们是学习的平等参与者、合作者、教育与自我教育的主体。教师要善于发现学生的每一个进步，及时给予鼓励。让每一个学生都能得到引导，发现自己的进步和优势。学生在教师亲切热情的关爱下，会乐于思考，乐于学习，这样的学习气氛是组织教学的保证。

提问。它是采用最多的组织教学方式。提问可以帮助学生学习思考，起到组织教学的作用。同时，提问也是一门教学艺术，它能直接展示教师的教学水平，若恰当地运用能发挥积极功效，而不当的提问则可能会使学生产生反感、畏难、厌烦的情绪。提问一般应该注意问题不能平淡，深浅有度，有典型性与针对性等。提问时要作问题铺垫，要注意运用启发式的教学原则。

·指导，该方式常应用于活动类课题的自主和探究性学习领域。随着美术在学校教育中的作用日渐突出，素质教育、美育方面的活动也日渐增多，课内和课外，美术教师都经常运用指导方式组织教学，如教学中的参观、访问、座谈、交流、欣赏、评述和布置展览、演出布景、设计板报、设计专栏等。学生在教师的有效指导下感受美术，掌握知识与技能，学会学习。

（二）语言教学的能力

运用教学语言展开教学是美术教师的基本能力。语言是教学活动的重要工具，教师教学语言水平的高低就在于其能否用准确、简练、生动、形象、优美的语言来表达教学内容，在知识交流中感染学生，达成教学目标，获得好的教学效果。教学用语不是教案背诵，也不是大会演讲，更不是闲聊口语或舞台表演，而具有自身的表现特点和要求：

• 逻辑清晰。教学语言的逻辑性十分重要。某些美术教师平时讲课随意，讲到哪算哪，前后颠倒，话题不连贯甚至文不对题，是不能给学生留下清晰、准确、完整的知识概念的。教学思维就是论述、分析、判断、推理的过程，因此，讲述中要求语言准确精练，围绕教学主题，条理清楚，有系统性和严密性；并从加强思维逻辑训练做起，运用逻辑规律，强化思维质量，提高教学语言的应用水平。

• 简练形象。中小学美术教师和高等美术师范学生，都应该把训练语言的表达能力作为教师职业的基本功。教师的语言应该简洁、明确、形象、生动，要言之有物，讲求语言的形象性。提高语言的质量，要最大限度地减少废话，以少胜多，简明扼要。教师的教学语言应不同于某些行政人员的台上报告，滔滔不绝，漫无边际；教师的教学语言也不同于戏剧语言那么夸张和做作，教学语言应该准确无误，高度概括，简洁明确，不重复，无废话，力戒用语不当或口头禅，不允许讲粗话、脏话，教师的教学语言应该是最文明的最有魅力的最利于学生接受的最有益于教学活动的职业语言。因此，锤炼自己的语言表达能力，成为美术教师不懈的追求。

• 普通话教学。高等师范学校是国家推广普通话的重点之一，普通话是教师的职业语言，用普通话进行教育教学工作是合格教师的必备条件，因此高等师范学校学生必须讲普通话，并要求通过国家主管部门的普通话水平测试。目前，高等师范院校毕业生持普通话等级证书已成为就业上岗的必备条件。尽管每个人都或多或少地带有一点家乡口音，然而通过努力是可以说好普通话的。普通话是好听的语言，是国家规定通用推广的语言。教师如果在教学中不使用普通话，就可能会给学生带来听力障碍，即使讲课再精彩也难有积极的回应。因此教师讲好普通话不仅给学生良好的声音美感，而且还保证了知识表达的准确性。

• 风趣幽默。学生们都很喜欢风趣和幽默的教师。这些教师善于运用幽默风趣的语言，把教学内容讲得形象明确、生动有力，容易使学生在轻松愉快中接受。用机械的方式传授知识是容易乏味的，教学不应该仅仅追求知识讲述的准确无误，而应该多从学生角度考虑，乐于接受才会有效果。运用风趣幽默的语言教学，常常会产生变枯燥为活跃，变被动为主动，变困境为顺境的特殊效果。听这样的课学生会轻松愉快，甚至觉得是一种艺术享受，在这种课堂气氛中，学生的学习积极性自然被调动起来。

• 真情实感。美术教师要学会教学语言的情感表达。善于将知识融合于情感之中才能有声有色地上好一堂课。情感与表达在教学中是缺一不可的，美术教师在引导学生参与知识传递时，还会有感情交流，这要求美术教师是真情实感的自然流露，教育学生要做到动之以情、晓之以理，唯有如此，才能打动学生，换来学生情感、态度上的良性转变。教师的语言要有诗意般的情感，又要闪烁出哲理的光彩，力求知识情感化，讲授艺术化。教师的学识只有通过优美、流畅、精练、热情的语言表达，才会产生情感的回应，激发强烈的求知欲望。

• 节奏音韵。美术教师上课讲话讲究节奏与韵味。首先要求响亮，其次要有顿挫有致的节奏。教学语言速度的快慢，声音的高低，语调的强弱，都要根据教学内容和接受对象而定。教师应具有调控语言节奏的能力，语言的节奏感把握准确了，其感情也就自然流露出来了。若一节课没有高低变化的语调，那声音就会平淡无味，使学生困倦。同样，语速、音量、节奏不好的教学语言都可能会使学生难以接受，产生不快，而导致教学的失败。

第四讲
美术教学过程

美术教学过程即美术教学的实施过程或美术教学活动的过程，是指学生在美术教师预先设计好的美术活动中，积极主动地掌握一定的美术文化知识和基本技能，发展智能，并形成一定的思想品德和审美情趣的过程。美术教学过程也是培养学生综合素质和能力，发展个性、张扬个性的过程。

一、美术教学程序的结构和环节

美术教学程序由构成教学过程的基本要素组成。美术教学程序有两方面的结构，一是宏观结构，指教学设计、教学实施和教学评价。二是微观结构，指一次美术教学活动的组织、展开、进行的教学行为历程，即美术教学过程。其结构包括美术教学目标、教学任务、教学内容、教学方法、教学形式和教学结果。这些因素是相互依赖、相互制约、相互促进的，使教学过程成为一个有机整体，并通过教学环节形成动态结构。美术教学环节是指教学过程结构的各组成部分，也是教师组织和管理教学过程的各个路径和步骤。包括制订教学方案环节，即落实美术教学目标与任务；实施教学方案环节，即优选美术教学形式和方法、合理组织师生相互作用的形式、具体展开美术教学内容、调节美术教学过程的进程；评价教学方案实施的环节，即对教学方案的实施结果进行分析以提供总结性的反馈信息。

影响美术教学过程结构的因素较多，以上只是一些粗略的概述，教师要结合实际，总结探索出更好的美术教学过程结构和环节。

二、美术教学过程的作用及特点

美术教学过程有向学生传递美术文化知识和基本技能、促进学生各方面能力和品质的发展、教育转化学生思想品德和培养学生审美观念等作用。因此，美术教学过程有其自身的特点，表现为：教学过程的双向性，即教学过程是教与学两个方面的互动过程，是教师的教和学生的学的相互依存、支持、促进和渗透的有机统一的辩证的关系；教学过程的认知性，即教学过程是由认知对象、认知条件、认知任务、认知主体构成的一种特殊认识过程；教学过程的实践性，即教学过程也是教师指导学生进行学习实践活动的过程。

美术教学过程一般分四个阶段：其一，引导学生对美术表象进行感知，从而获得感性经验。教师通过各种途径，采用不同的手段和方法，从不同角度向学生展示美术的有关现象，使学生形成丰富的感性认识。其二，引导学生在感性认识的基础上，理解美术现象的本质。教师要善于引导学生勤于观察，勤于思考，勤于动手，努力揭示事物间的内在联系，通过手、脑、眼的复杂思维和尝试活动过程，把感性认识向理性认识过渡升华，并有意识地培养创造性的思维和独立的学习能力。其三，引导学生运用已理解的知识进行实践，印证和巩固已领会的美术知识或技能、技巧。使学生能够通过自己的实践获得直接经验和各方面的实践能力。其四，引导学生运用所掌握的美术知识或技能去表现和创作，学会检查和纠正学习和创作中的错误。教学过程各阶段是相互促进的，也有相对独立性。

三、美术教学过程的基本规律

美术教学过程受许多因素影响，这些因素分教与学两个方面，教的方面包括教师、教材、教学方法、教学手段和教具等；学的方面包括学生、学法、学具、环境等。其中教师、学生、教学内容、教学手段是最基本的因素。由于各因素的相互联系和作用，使得美术教学过程变得较为复杂，但这些因素之间还是存在着内在的本质的必然的联系，因而美术教学过程具有规律性。

（一）教与学的辩证统一规律

是指教与学两者相互依存、相互矛盾、相互作用、相互影响、辩证统一。在教学过程中，师生双方都必须发挥主动性和积极性，具体地表现为：第一，在教和学这对矛盾中，教师居于引导地位，是矛盾的重要方面，教师在教学中起主导作用，是教学规律的必然性反映。第二，学生在教学中是主体地位，在教与学这对矛盾中，学生是学习的主体，是学习活动的主人，因此，教师的教必须以学生的学为前提，才能达到教学的目的。第三，教师的主导作用与学生主体作用相结合，在教学中二者互相推动产生促进作用，是辩证统一的关系。

（二）间接知识与直接知识的辩证统一规律

即间接知识与直接知识间的必然联系。在教学过程中，学生以学习间接知识为主，间接知识的取得要以学生的直接知识为基础，间接知识与直接知识相互结合、辩证统一，是教学的客观规律之一。所谓间接知识，通常是指书本知识，是前人总结出来的知识，一般属于理性认识。所谓直接知识，即个体从直接经验中得出来的知识，一般属于感性认识。中小学美术教学提倡个体的亲身体验学习，注重直接知识的取得。

（三）教学与发展的辩证统一规律

是指教学与发展相互依存、相互影响、相互促进、相辅相成、辩证统一。教学是有系统、有组织的学习知识的活动，它是促进学生个体发展的一种认知过程；同时发展又为实现教学任务提供了有利的条件。教学与发展的关系，主要地表现为学生知识的掌握，学生智力、能力以及情感、意志、性格等心理品质发展的关系，其主要的规律性表现为：一方面掌握知识是发展学生智能和情感、意志、性格等个性心理品质的基础；另一方面，学生的发展水平又是学生学习和掌握知识的重要条件。

（四）教学的教育性规律

教学是以培养人才为目的的，除了传授知识外，还可形成学生的世界观和与社会相适应的思想品德，它永远具有教育性，是不以人的意志为转移的客观规律，这就是教学的教育性规律。遵循教学规律是有效地提高教学效率、组织教学活动、搞好教学工作、优化教学资源、减轻师生负担、提高中小学美术教学质量的根本保证。否则，教学工作可能会事倍功半，甚至会造成误人子弟的后果。因此，教师必须自觉运用教学规律。按教学规律组织、管理、实施教学的同时，特别要注意立足于教学实际，增强运用教学规律的自觉性，努力地认识和掌握教学规律。

四、中小学美术课的类型与结构

课的类型，指的是课的具体表现形式，是课的形态和种类。

中小学美术课有不同的类型，一般有以下几种：

（一）是按照教学内容、知识特点划分，如绘画课、工艺设计课、欣赏课等。这种分类方式使每一类课业都呈现出一些共同的特征，表现出相似的教学目标，相近的评价标准，相同的教学结构等，我们从中能较为容易地发现和把握教学的线性发展和变化规律。例如色彩知识教学逐步深入，工艺制作步骤的相似与变化，美术鉴赏知识逐步积累和深化等，从中反映了教学目标的同一性和评价指标的逐步深入。

（二）是按照每堂课所要完成的教学任务和教学目标来划分，如传授新知识类（新授课、讲授课等）、巩固知识类（复习课、巩固课）、操作知识类（技能课、练习课等）、检查知识类（检查课、评价课）等，清晰地标明了课的工作任务和目标性质。

（三）是根据美术课的学习活动方式来划分，如欣赏与评述类课、设计与应用类课、综合与探索类课、造型与表现类课等。这样的划分符合现代中小学美术教学的先进理念，较为合理地规划了中小学美术学习领域，较好地凸现了美术学科特征，反映了中小学美术教学的价值追求。另外，还可以根据教学任务的多少给课分类，通常把一节课内完成两种或两种以上美术教学任务的课，称之为综合或混合课；一节课内以单一的美术教学任务为主的称之为单一课。传统的教育理念认为综合课是教学任务的叠加或删减，如学习的组织、检查、巩固、辅导的集合运用等；单一课则是单项任务的实施。因此，在美术教学中，一些学习内容较为单纯的课题可以设计为单一课，美术教师在设计课堂教学时，既要使目标明确、重点突出，又要考虑到相关内容的综合与应用等，依据教学内容划分课的类型，让它们交替作用，为完成教学任务提供形式保证。

当前，义务教育阶段美术课程标准为美术课的具体形式划分提出了新的方法，即依据美术学习活动方式划分学习领域。这是站在促进学生素质发展的角度，充分考虑到美术学科的特点而制定的新举措，这种全新的理念提示了美术教学活动的范畴，也影响了美术课的具体形式，产生了诸如以活动方式划分的制作课、观摩课、交流课、游戏课、展示课、表演课，以性质来划分的研讨课、鉴赏课、评述课、创作课等。因而美术教学任务在四个学习领域目标指向下展开并依据领域目标、内容的变化而变化。单一的技法传授课或单一的练习课等已不会轻易出现，课的综合性探究和多维性价值取向已成为发展趋势。从现在所能见到的新编中小学美术教材来看，课的单一形式与要求已难看到，广大的中小学美术教师们正在依照课程标准提出的新的教学理念和要求，尽力将美术课上得丰富多彩，生动活泼。当然，其中也包括尽心致力于课的基本形式的变革。

课的结构，指课的基本组成部分及各部分的进行程序和时间分配。中小学美术课的结构受美术学科的特点、教学内容、教学方法和教学主体等因素制约。不同类型课的结构不同，同一类型的课在不同的美术教学情境下其结构也会不同。也即是说课的结构受到课的类型影响，不同类型的课就可能会有不同的结构。一般认为构成课的基本部分及其进行顺序是：组织教学 — 检查复习 — 学习新课 — 巩固新课 — 布置作业 — 展开练习或制作活动等。这是课堂教学必须的既独立又互相联系的一般过程。

• 组织教学，包括教师进入课堂、行礼、检查人数、安定秩序等。实施时注意点名时不要占时间太长，也可以由班长报告实到人数。安定秩序也并不是非要大声疾呼，有经验的教师用从容的姿态默默环视四周，就可以达到安定秩序，吸引学生注意的目的。

• 检查复习，一方面为了巩固已学知识，一方面为了更好地导入新课，唤起学生对新知识的注意。

·讲授新课、巩固新课，二者是一个整体。作为美术课的重点环节，新课的学习活动方式应丰富多彩。特别是低年级的教学，应适当加入一些游戏活动。但活跃的游戏又有可能给教学组织提出难题，既要保证完成目标知识的讲解、技法技能的练习，又要使课堂气氛活跃，这就要求教师根据教学情况的变化与发展把握好教学节奏，在教学活动中，让学生动静有度，张弛有度，保持良好的学习状态。目标知识的讲解是指导学生进入具体技法操作练习的指南，在方向正确的前提下要留有学生独立思考的余地，所以要提升授课水平，要保证有足够的时间给学生做练习。辅导时既要顾及全体学生又要关照特殊学生（特优和较差的），把握因材施教的原则，有针对性地对每位学生进行辅导。讲评和总结是授课的重要工作，教师既要表扬优点，使学生树立信心，又要指出不足，以利进步。美术教学的综合性、领域性目标对“课”与课程的展开提出了新的要求，要求美术教师必须在教学目标的指向下，认真把握各领域教学的讲授要点，并在课后对讲授新课、巩固新课环节进行反思，以利于教学水平的提升。

·布置作业展开练习与操作活动，这是中小学美术教学的中心环节，应充分发挥学生的主体作用，激发其学习积极性，展开自主性探究性学习等。练习与操作的进行必然是教师的精心设计与安排，学习的目标与价值要在学生的学习过程与成果中得到反映。美术课一般不布置课外作业，这是由其在中小学教学中的实际比重和地位决定的。注意下课前应布置下一课会涉及的问题与情境，让学生有所准备，寻找有关资料，作好物质准备，例如颜料、纸张、工具等，甚至是水、橡皮和胶带等一些细小的东西也要讲清楚，以免到下一节课时因缺少应用的材料而乱了课堂。因此，合理安排各课的教学内容，使“课”的节奏合理，使各课时计划能得以统筹实现是十分重要的。

总之，在教学任务的规范下，课的基本组成部分共同作用构成课的基本格局和面貌。它们各负使命，各司其职，反映了教学过程的一般性规律。但依据教学情况的变化，对课的一般性结构进行合理的调整，灵活的变化，常常会使美术课焕发新意、富有创意。一般说来，美术课的结构应是多样化的，不能采取刻板、一成不变的程式，每节课都应有自己的特点和节奏，这也应该是“课改”的重要理念。

五、中小学美术课堂活动的追求

课是美术学习活动的舞台，美术学习活动是一个极其复杂的过程。在中小学美术课活动的追求中，既有形式的也有技巧的，既有审美的也有心理的诸多方面内容，美术课的价值主要在学习活动的追求中表现出来。因此，美术课活动的追求与美术学习的追求一致，美术学习的基本方式与美术课活动的基本方式相似。同时，由于学习的内容性质不同而可以将美术课活动方式作不同的分类。可以将其划分为认知、技能、创造、情感等方面的追求：

·认知追求：中小学美术课活动涉及有关美术常识概念、美术文化知识、美术技法及造型规律等基本知识，认知活动追求包括对形象性材料与知识性材料的认知与把握。展开形象性材料，包括美术作品鉴赏与评述，图像、影像等识别与判断，艺术实体如欣赏建筑、雕塑等的感受与评价，以及一切有关的形象材料等。面对知识性材料，要求学生了解并记住有关的知识与概念，了解艺术的表现特点、工具材料性能、制作方法步骤与常识等。通过美术认知追求，培养学生的理性思维和美术文化素质，为中小学美术教学打下基础。

·技能追求：是要求学生必须掌握有关美术造型方面的基本技能和技巧等，包括操作技能与智力技能等。操作技能是学习技能的外在体现，是教学过程的具体化体现，要求学生通过活动实践、动手制作来实现；智力技能较为抽象，是通过学生动脑与动手，运用灵活适度的方法，训练学生的观察、比较、综合、概括、想象、创造等思维方面的方法与技能。这要求教师根据学生的不同年龄特点，合理安排教学目标，设计教学程序，对不同类型的美术课的活动方式提出不同的具体要求等。

·创造追求：创造性是美术的本质特征，创造性思维和创造力的培养是素质教育的核心。学会生存，学会学习，学会创造是素质教育区别于应试教育的一个重要方面，也是中小学美术教学的根本性目标。美术课程标准指出："在知识经济时代，创新精神是社会成员最重要的心理品质之一。"通过美术学习"培养创造精神，将会对学生未来的工作和生活产生积极的影响"，使学生逐步形成适应环境变化的自我设计能力和符合社会发展需要的创造能力。美术课的创造性追求要求学生自由思维，自由创造，主动观察、发现与实践，要求教师在课上营造民主、活跃的学习气氛，让每一堂美术课都成为创造的活动，每一幅画都成为学生张扬个性、自我实现的过程，从而促进学生的创造个性的发展。课的创造性追求可以通过具体的教学目标，从观察、联想、造型表现、想象思维、个性气质等多方面进行培养与拓展。

·情感追求：情感关乎人的精神面貌、情绪及生活态度，是美术课活动的最重要追求。它包括审美感、道德感、理智感、爱与恨的体验等，还包括通过美术课的活动培养学生积极向上的人生态度。美术课应是"美"的教育，在美的认知过程中，让学生体验乐观、自信、愉悦、热情、关爱等。在美术课活动的情感追求中，教师应在课堂上调动一切有利于培养学生情感的因素，如教师教学的倾情投入，营造宽松自由的学习环境，精心设计课堂情境等，倾情投入会换来学生的情感呼应；良好的学习环境是学生放飞心灵，诱发乐观向上情绪的外因条件；课堂情境是刺激学生产生情感的最主要外在因素等。

美术教学内容性质决定了美术课活动方式的基本状态。如根据美术课活动的内容目标，可划分为知识传授活动方式、技法技能活动方式、情感体验活动方式等，或者以美术课活动的动作形态划分为描绘方式、书写方式、倾听方式、游戏方式等，还可以美术课活动的学习表现划分为欣赏方式、评述方式、设计方式、探究方式等，若安排美术课活动还可根据需要选择综合活动方式或单一活动方式等。为达到教学目标，课的活动方式会随着教学内容的变化而改变。当代美术课活动的方式是丰富的，其价值追求也是多方面和多维度的，它与美术课程目标追求相适应。

思考与练习：

1. 中小学美术教学具有怎样的基本特点？
2. 中小学美术教学一般应遵循哪些教学原则？
3. 中小学美术教学方法表现出怎样的基本特征？
4. 常用的美术教学方法有哪些基本要求？
5. 现代教学媒体有哪些功能和作用？
6. 中小学美术课堂教学的基本环节是什么？
7. 如何备好一节中小学美术课？
8. 中小学美术教师的上课能力主要体现在哪些方面？
9. 中小学美术的语言教学能力从哪些方面表现出来？
10. 中小学美术课堂活动主要有哪些追求？

第五课　怎样的美术课才是好美术课

课程名称：怎样的美术课才是好美术课。

授课时数：五至八学时。

教学目标：了解中小学美术教学评价原理和实施要求，学习教学评价原理，运用教学评价。

教学重点：《中小学美术课程标准》提倡的评价原则和要求。

教学难点：美术教学评价原理的理解和实施。

作业要求：详见本课后的“思考与练习”。

第一讲
中小学美术教学评价的目的与状态

怎样的美术课才算是好美术课，这是每一位美术教师都十分关注但却不容易找到满意答案的问题。总的来说，其实质就是如何开展中小学美术教学评价的问题，而中小学美术教学评价主要是检验教学活动是否完成了教学和课程目标。因此，“怎样的美术课才是一节好美术课”，主要由“教”与“学”两个方面来判定，所以，对“教”的评价和对“学”的评价就成为我们讨论问题的主要方向。

当前，中小学美术提倡个性化和创造性教学，要求美术课上得轻松活泼、生动有趣而富有创造性等，美术作业更是丰富多彩、形态多样而不断变化。于是，远离标准化的美术教学能不能进行评价，有无明确的评价标准，美术教学中的“教”如何评价，根据什么来改进中小学美术教学，提高美术教学质量等系列问题，摆在了我们的面前。

的确，与一般文化课的教学评价不同，评价美术教学确实困难较多，类似艺术形象、艺术表现力、创造性维度等美术学科特有的教学问题，评价极为不易。若套用其他学科的标准来评价美术教学，其结果必然不符合美术教学的规律。这都会使得我国的美术教育难以改变经验性、主观性的教学面貌。新的教育观念告诉我们，评价美术课的优劣包括对学习结果和学习过程两个方面，评价时不仅要看学生的学习结果，还要关注学生在学习过程中的行为表现；从评价主体上说，又可以分为学生的自我评价、学生之间的互评和教师的评价等，其中应把学生的自我评价放在突出的位置。

教学评价是现代教学系统的重要组成部分，没有评价就无法客观、公正地判断教学目标是否实现，就不能有目的地改进教学和提高教学质量。为此，建立并运用科学的、可操作的教学评价机制对美术教学活动进行调控，是提高美术教学质量亟待解决的问题。

一、教学评价的目的

教学评价是指将所获得的信息对教学过程及教学效果的价值作出客观、科学的判定。教学评价的目的是为了改善和提高教学质量，具体表现在四个方面：

• 促进学习。通过教学评价能使学生对自己的学习有所了解并有一个适当的评定，激发学习的积极性，调整学习的方法，提高学习成绩。

·改进教学。通过教学评价能使美术教师在教学过程和环节、教学方法和策略、教学媒体和技术、教学艺术和基本功等教学的主要方面得以科学的检查，促进和提高教师的教学。

·完善管理。通过教学评价能诊断学校的教学管理状态，包括学习环境、组织形式和管理方式等，为学校改进和完善教学工作提供依据。

·教改科研。通过教学评价能为教学科研提供有价值的信息，能促使学科课程、教材教具、教学方法、教学技术乃至教学目标的研究或改进。

二、教学评价的分类

教学评价的分类有多种：按评价的对象，可分为教学内容评价、学生学业评价、教师授课质量评价等；按参与评价的主体，又可区分为自我评价与外部评价；按评价的方法，可分为定量评价和定性评价等。以下分类为常见：

（一）按评价形态进行分类

一般可分为如下类型：诊断性评价、形成性评价与总结性评价。

诊断性评价。评价学生在实现教学新目标时的知识、能力和情感状态，评价学生学习的质与量，评估学生心理发展水平和特点，并根据学生知识、能力、心理的差异，辨识学习中的困难和原因。诊断性评价是对学生是否真正达到新的教学目标所需的基本知识、能力和情感所作的评价。

形成性评价。揭示学生在学习过程中的错误或遇到的困难，寻找改进办法，帮助学生合理确定后续学习的任务与速度等；使教师发现在目标确定、教学方法、程序组织、手段使用等方面的得失，从而有针对性地改进教学工作等。形成性评价指在教学过程中为改进教与学而提供频繁信息反馈而进行的评价。

总结性评价。是在教学结束后，对教学目标、教学方法和教学结果所作出的综合性和总结性评价。总结性评价是对整个教学过程进行全面的深入的评定，并给学生评定成绩。总结性评价与形成性评价的一个重要区别是形成性评价主要是为了改进教学，而不仅是为了评价教学的成绩。

（二）按评价性质进行分类

通常可分为如下类型：相对性评价、绝对性评价、个体自身评价。

相对性评价。是指以评价对象集体的平均状况为基准，对每个被评对象在集体内所处的相对位置的评价。相对性评价操作简单，应用范围广。目前中小学校流行的“学校学习成绩排序”和“班级学生成绩排名”等就属于相对性评价。因为任何集体都可以在其内部进行比较，尤其适合于选拔性的评价。但是，评价的结果只是评价对象在某集体中的相对位置，而非实际水平，容易导致因激烈竞争而产生的负面影响。

绝对性评价。是指以预先设定的教学目标为基准，并以此对每个对象进行的评价。其中的评价标准是客观、固定的，评价对象自身的水平影响评价结果，而与其所处的集体无关。只要评价标准具有稳定性、客观性和准确性，而评价过程具有科学性、合理性，那么评价的结果就会相对客观。目前中小学校流行的“统考”、“会考”等都属于绝对性评价。考试成绩反映了学生掌握知识的程度，学习越深入，学习成绩会越好，不会受其他学生学习状况的影响。绝对性评价特别适用于“甄别式”、“选拔式”的教学评价活动。

个体自身评价。是对象个体的自身评价。

是将评价对象的现在与过去进行比较，或将评价对象自身的不同侧面进行比较。例如从美术技能和知识学习的各个侧面来评价某学生的美术能力，找出他美术学习的强势和不足。个体自身评价照顾到学生的个体差异，不会造成竞争压力，可以综合地或动态地考察学生的发展变化，因而，常作为改变差生的措施被使用。但提供给学生的有效反馈很有限，由于不存在客观和外在的标准，因此也很难确定评价对象的真实水平。

可见，教学评价存在多种角度的分类，每种分类都是相对的，各种评价之间都是优劣互补的。在实际工作中，需要辩证地对待每种教学评价，合理发挥各自的作用，从整体上提高教学评价的科学水准。

三、现代教学评价的发展趋势

（一）由考核、选拔转向诊断、改进。传统的教学评价是一种以教学目标为依据的鉴定或考核，旨在对教师或学生进行选拔或淘汰；而现代教学评价的目的则在于改进教学，体现以学生的发展为本的现代教学观和评价观。教学评价功能主要表现为“教学分析”。教学评价侧重于学生如何学习、学习结果如何，为学生提供反馈信息，纠正学习错误，提高教学质量；客观地判定教师的教学水平，让教师更好地把握教学设计、教学方法，找到存在的问题；为诊断教学疑难，修订课程计划或教学目标等。

（二）扩大了评价的对象和范围。早期的教学评价集中于学生的学习成绩和课堂教学，随着教育事业的发展，教学评价的功能和作用日益受到重视，教学评价的对象不仅有学生、教师，还有课程建设、教学计划、教学目标，以及学校领导、教学管理等领域，使之成为学科自我调控、自我完善和自我教育的动态过程，成为教育领导部门进行宏观管理和决策的必要制度。

（三）重视自我评价的作用。传统教学评价把被评价者视为接受检查的客体，现代教学评价则日益重视被评价者在评价过程中的地位和作用，尤其重视通过形成性评价的调控机制促使被评价者通过自我分析、自我认识达到自我提高的目的，形成自我评价机制；同时可以使评价者与被评价者在对话中增加沟通和理解，提高对评价的认识。

（四）定量与定性相结合。传统教学评价注重评价的科学性、精确性而强调量化统计分析的方法，这是教学评价的重要手段，尤其与计算机技术结合更具优越性。但教学实践是十分复杂的，不可能全面量化，必须从实际出发，辅之以主观的资料和描述性的分析，即定性描述的方法，如运用观察法、问卷法和交谈法等，才能使教学评价既合情又合理，更真切地反映评价对象的实际情况。

（五）由静态转向动态。随着教学技术的发展，教学评价的对象已从静态教学成果的评价转向动态的教学过程的分析和评价，并在不断深入发展，即利用录音、摄像等手段对教学过程进行观察、记录，便于分析、评价和交流。国外从20世纪70年代发展起来的教学评价理论都很强调动态评价，如“微格教学”评价等。

四、教学评价的基本原则

教学评价最基本的原则是：正确导向、科学合理、简易可行。

正确导向原则是指教学评价工作必须坚持正确方向，通过教学评价使教学工作更好地培养全面发展的人才。实现教学评价正确导向的关键是建立正确的评价标准，合理地设计评价指标体系等。

科学合理原则是指教学评价必须符合教育与教学评价的客观规律。教学评价必须实事求是。因此，要加强对教学评价的研究，确立科学的、符合美术规律和教学规律的价值观念体系和评价标准；教学评价要吸收现代科学成果，充分利用现代的评价方法、技术和手段，使评价信息的处理趋于科学合理。

简易可行原则是指教学评价要在正确、合理的前提下，尽量简便易行，有利于教学评价的推广和实施。在保证正确性和科学性的前提下，常规性教学评价的指标体系必须少而精；要从教学实际的需要和条件出发，进行分类评价、分层次评价；评价的组织机构要精干，收集信息、处理信息的方法要全面、合理而有代表性。

五、教学评价的基本程序

（一）教学评价的准备。首先是设计评价方案。方案是由教学评价目的、评价对象、评价方法、评价工具、评价指标体系以及实施步骤等组成的整体方案。要求明确评价目标，设定评价组织，设计评价指标，清晰回答“为什么评、由谁来评、评什么”等问题。

（二）评价指标的设计。设计评价指标大致包括：分解目标，初步拟定，归类筛选，专家论证，试行修订等步骤。即层层分解美术教学目标后，可初步拟定教学评价的指标，如教学目标、教学内容、教学方法、教学效果等；对初拟的指标进行取舍合并和归类筛选后，以确保评价的有效性；经过专家论证，以证明指标是符合评价要求的；试行后对指标体系再作修改，会使评价更趋完善。

（三）评价表格的设计。完成了评价指标的设计之后，为收集和处理教学评价的信息，可设计相应的表格，为实施教学评价作好准备。

（四）教学评价的实施。不同目的的教学评价有不同的实施方法，在美术教学中，主要包括学生美术学习质量评价、美术教师教学质量评价等。

（五）教学评价结果与反馈。教学是一个不断完善的过程，评价不是教学过程的结束，而是为未来教学提供的反馈信息。美术教学反馈可包括：

形成综合判断：根据评价所产生的定量的或定性的结果形成综合性的意见，并作出是否达到应有标准的结论；分析诊断问题：综合判断并不是评价的目的，评价的目的是为了改进教学，所以需要对有关问题进行分析，找出问题的症结；收集有关资料：评价的相关资料能反映教学状态、评价的意见和结论，同时，能发现一些优秀的或有代表性的学生作业，这是成功的教学的结果，也是以后美术教学最好的直观教学资料。

六、中小学美术课程评价的理念

美术教学的最主要方面就是美术课程教学，因此，对美术课程的评价在一定程度上代替和包含了对美术教学的评价。在《中小学美术课程标准》的“评价建议”中，对教学评价目的和评价要点作出如下概述：美术课程评价是促进学生全面发展，改进教师的教学，以及促进美术课程不断发展的重要环节。美术课程评价的依据是美术课程标准。

美术课程评价是指依据美术课程标准和所获得的信息，对美术课程实施过程及其效果作出客观、科学的判定。美术课程评价的目的是为了改善和提高教学质量，为实现这一评价目的，需要树立一种全新的美术课程评价理念，主要可包括以下四个方面：

• 理解“评价”。传统美术课程评价是一种以课程目标为依据的鉴定和甄别，现代课程评价应贯彻素质教育的精神和“以学生发展为本”的思想，旨在促进学生的学习。评价的核心是促进学生的发展，要通过突出评价的过程性和个体的差异性等建立发展的评价体系。

• 理解“评价的主体”。中小学美术课程的评价主体主要是领导、教师和学生。需要完善教师对学生学习评价的观念与方法，也要让学生学会评价教师的教学。要让教师学会自我评价，形成自我反思、自我教育和自我发展的能力；要让学生学会自评、互评，学会学习和自我教育。

• 理解“美术”。评价要体现美术的多样化、个性化、创造性等基本特征，改变“像不像”、“技能性”等单一化评价标准。美术课程评价应采用相对的量化分析与定性描述相结合的方法，使课程评价合情合理。根据每个不同的课程目标，为丰富多彩的、形象化的美术作业制订相应的评价指标。

• 理解“教学”。教学活动不完全是机械地执行教案，每一次教学活动都应该是教师教学观念的体现，是教师灵活机智的再创造，应当体现教师自己的个性和风格，具有原创性和不可重复性。现代课程评价已从仅仅静态地评价教学结果转向动态地对教学过程进行分析和评价，并注意两者的统一。

第二讲
怎样进行“教”的评价

“教”的评价集中体现在对教师教学的评价和对教师素质的评价两个方面。我们可以根据学校的实际情况和发展规划，制定详细的教师评价方案和制度。

一、中小学美术教师素质的评价

美术教师作为学校美育实施的主体，其自身的素质和发展直接影响教育的效果，影响学生的发展。对教师进行评价不仅是为了检查教师的工作表现，保障学生有效地学习，更重要的是促进教师素质的提高，促进教师的专业成长和发展，让教师了解学校对他们的期望，激发教师积极主动的工作热情。《中小学美术课程标准》提出要“建立促进美术教师不断提高的评价体系。建立以美术教师自评为主，校长、教师、学生、家长共同参与的评价制度。强调美术教师对自己教学行为的分析与反思”。

（一）中小学美术教师角色的定位

课程改革对教师提出了新的要求，教师的角色发生了历史转变。教师不仅是知识的传授者，更是学生学习的促进者；教师不仅是传统的教育者，还是新型教学关系中的学习者和研究者；教师不仅是课程实施的组织者、执行者，也是课程的开发者和创造者。新课程对教师提出了更高的要求，教师的工作也因此更加富有创造性，教师的个性、个人价值和专业发展受到了高度的重视。具体表现在：

教师职业道德方面：热爱教育事业，热爱学生；积极上进，具有奉献精神；公正、诚恳、具有健康心态和团队合作的团队精神；了解学生，尊重学生；能全面了解、研究、评价学生；尊重学生、关注个体差异，鼓励全体学生充分参与学习；进行积极的师生互动，赢得学生的尊敬。

专业文化素养方面：有较好的美术专业基础知识和活动组织能力；能根据学生的兴趣和需求设计美术活动，提供有效的直观教学信息；教师有较好的美术基本功和语言表达能力；引导学生进行美术欣赏和美术创作，有健康的审美品位和评价标准。

实际教学能力方面：能确定教学目标，设计教学方案；能较好地实施教学，使之适合于学生的经验、兴趣、知识水平、理解力和其他能力的发展；与学生共同创设学习情境，为学生提供讨论、质疑、探究、合作、交流的机会；积极利用现代教育技术，合理选择利用校内外学习资源。

参与和共事的能力方面：能积极参与学生的美术活动和学校的教学活动，参与教学评价，能较好地与同事合作，能发现自己和他人教学中的问题，并能一起讨论，共同提高。

交流与反思方面：积极与学生、家长、同事、领导交流和沟通，能对自己的教育观念、教育教学行为及专业水平进行反思，并制订改进计划。

教师的教育科研意识方面：有较强的教育科研意识，了解国内外美术教育教学的动态和各种信息，并能根据教学需要合理地借鉴和运用，有自己的研究课题，有独到的见解，并积极撰写教学科研论文。

（二）中小学美术教师素质评价的要求

强调教师对自己教学行为的分析和反思：为促使教师主动参与教学研究、提高教学效果和专业素质发展，反思成为重要的积极手段。自评能促进教师反思。因为评价通常会带来压力，压力会促使被评价者进行反思；通过自评，教师对照评价标准，对自己的工作表现、进步和努力状况进行全面的分析与评价，不仅是一次自我提醒、自我反思、自我教育和促进成长的过程，同时还有助于学校全面掌握信息，客观分析来自其他渠道的信息，对教师作出公正的评价。

创设支持教师自评的氛围：美术教师应该对自评及其价值建立正确的认识，理解自我评价对自身发展的重大意义。学校在实施教师自评前，可以在教师中进行调查或访谈，了解教师对自评的困惑和疑虑，帮助教师建立正确的认识。评价过程中要有透明度，面向全体教师进行，创设出健康的教师自评氛围，让教师感受到学校对教师自评工作的重视，自觉了解和把握自评的原则与工作程序，逐步使自我评价成为教师的自觉行动。

正确运用科学的自评方法：评价作为一门学问，应该建立一套科学有效的方法，自我评价也不例外。如何理解自评的原则、内容、程序和方式影响到评价的客观效果，要避免担心评价的后果而弱化或粉饰自己的不足，或不能客观评价自己的优点和成绩。教师自评主要是使教师对自己的教育教学行为和全面发展状况进行反思，包括自己的优势和不足，其目的不在于评价优劣，而在于由此明确自己改进的方向，促进教师自身的提高。

慎用教师自我评价的结果：教师的自我评价目的是为了促进和改善工作，而不是作为学校对教师奖惩的参考指标，教师自我评价如果与任何奖惩挂钩，必然导致教师的功利动机，影响自评的客观性。

自评与他评结合，促进教师反思能力的提高：自我评价应具有开放性，不应该自成一个封闭的系统，应把自我评价和他人评价结合起来。有时候，教师在自评中不一定能发现自己在教育教学行为中的问题，与他评相结合，多渠道获得的参照信息可以最大限度地减少这种现象的产生。

建立有学生、家长共同参与的评价制度：教师评价应成为学校工作的制度，建立完整的教师评价体系很有必要。学校、教师、学生、家长等构成教师评价的系统，来自他们的评价反馈将形成全面客观的意见。其中，学生作为教师工作的对象，是教学活动的直接参与者，他们对教师在教学活动中的表现有着最直接的感受和判断，我们要重视和给予学生评价教师的权利。同时，家长也十分关心学生在校的发展和受到了什么样的教育，家长评价教师有利于形成家校教育合力。健全的教师评价体系增强了对学校美术教学活动的监控，有助于教师反思习惯的形成和反思能力的提高。

（三）中小学美术教师课堂教学的评价

课堂教学是美术教师的中心工作，为了使美术教师明确怎样的美术课才算是一堂好美术课，有必要简略介绍对教师展开课堂教学工作评价的目的和意义：建立和明确评价标准，反省教学，升华经验，改进工作，提高课堂教学质量；了解美术教师教学状态，加强教学管理；促进教师间相互学习，以利于共同提高课堂教学水平等。

一般认为，中小学美术课堂教学工作的评价，应该从以下几个方面进行：

美术课堂教学目标。包含显性和隐性目标，显性目标指在每一节课的美术教学中，培养学生在知识掌握、艺术表现、审美、应用等方面要达到的具体目标是否明确；隐性目标指在美术教学中的素质教育目标实施，德育、智育的渗透，情感、态度、价值观的良性影响等。教学目标不仅应在教案中明确写出，还要在教学中体现出来。

美术课堂教学内容。对教学内容的评价应该注意以下几个方面：正确理解与把握教材，吃透教材内容，把握教学的重点与难点；教学内容符合《中小学美术课程标准》要求，符合现代教育观念，适合学生年龄特点，能引起学生的学习兴趣，有利于学生心智的发展和使能力获得锻炼；讲述的内容，要结构清楚、层次分明、准确无误、深入浅出、通俗易懂，能够突出重点和突破难点；教学内容能与训练有机地融合，对学生要求恰当，措施可行，方法合适有效。

美术课堂教学过程。对教学过程的评价应注意以下几点：教学准备充分，包括教案、课件、范画、范作、准备活动场景、设置问题情境、准备教具学具、准备电教设备和专用教室等；教学过程设计合理，组织严密，在教学中充分发挥每一分钟的效用，使每个教学环节过渡自然、环环相扣、衔接紧凑，教学时间分配合理，能使教学过程按计划顺利地进行；充分发挥教师的主导作用，表现在善于组织教学，能充分调动学生即学习主体的学习积极性，学生学习兴趣盎然，积极思维；正确贯彻教学原则，灵活运用教学方法。

美术课堂教学能力。课堂教学是教师教学能力的集中体现。评价教师的教学能力，实质是评价教师的基本素质。其应着眼于以下几点：

讲授能力。主要表现为教态自然、亲切，语言准确、规范、流畅；表达富有情感，能吸引和感染学生；板书设计合理，字迹工整。

演示能力。首先是指技法、制作步骤演示熟练、准确、生动。熟练是指演示操作，经验丰富，不拖泥带水。准确是指造型准确，方法步骤正确，快速完成。生动首先是指演示的形象生动，用笔用色生动、整体效果生动；其次是指演示时机选择恰当，并能有针对性地即兴演示，形象生动地解决学生的问题，并能使学生在难点之处得以突破。

指导能力。对学生学习的指导，包括对全班性的指导、对个别学生因材施教的辅导，还包括善于对不同课业用不同方法的指导。作为一节课来说，指导能力主要表现在能够有计划地巡视辅导，善于及时发现全班学生在绘画或操作中出现的共同性的问题，并通过启发思维、引导观察、表演示范等及时地予以正确解决；同时又能及时帮助个别学生解决在绘画、设计、制作中的困难。指导能力还表现在教学过程中或结束时，能对学生的学习给予科学合理、导向正确的评价。

应变能力。应变能力表现在能及时机敏地处理课堂教学中出现的各类问题。例如，出现学生打架或争吵，突然病倒，提出难于回答的问题，出现奇特表现的作业等，都能迅速、灵活、恰当处理解决。

训育能力。表现在能教书育人，善于紧密结合教学内容与联系学生实际，对学生进行思想品德、行为规范、责任心、意志品质等教育。

美术课堂教学效果。教学效果是由学生的学习体现出来的，主要应从以下两个方面予以评价：首先，美术教学能使学生感兴趣，学习积极性高，思维活跃，积极探索，努力创新，爱学乐学，并能获得成功的愉悦。其次，学生能完成预定的学习目标与教学活动目标，活动表现和作业效果好。学生作业完成良好，说明美术知识、技法掌握得好，是动脑、动手、积极思维与操作的结果。

美术课堂教学特色。能达到以上标准，就应属于一堂好美术课。但是，除此之外，还应鼓励教师在教学中不断探索、创新，要具有自己的教学特色。例如，在教学内容、教学策略、教学模式、教学方式方法等，有所创新；在媒体利用、教具研制等方面，能进行有效的改革开发和创制。教学具有特色，当属教师难能可贵的品质，应予以特殊的评价。

二、中小学美术课堂教学工作的评价原则

目的性原则。对美术教师的教学进行评价，目的是为让美术教师明确什么是一堂好美术课，从而促进美术教学和提高美术教学质量。这一原则，是每位参评者和被评者都应该明确的。因为教学评价是为了帮助教师认识自己教学中存在的优缺点，以便能够改进和完善教学工作，所以评价工作应该公开、透明，使自评与同行评价、领导评价相结合。

导向性原则评价标准即是一种导向。教师为了达到最高标准，必然按评价标准进行教学准备、教学设计，并按标准进行课堂教学。因此，制定评价标准就要具有导向性，要能体现培养21世纪需要人才的现代教育观念，尤其要体现以培养学生创新精神与实践能力为重点的素质教育观念等。

科学性原则。教学评价的科学性原则表现在：中小学美术课堂教学评价标准要符合美术学科教学规律与原理，要符合中小学美术教学实际。评价的项目要全面，赋分要合理，要突出主要项目，把握评价重点，不能所有项目一律平均对待；评价方法要科学，既要有自评、同行评价、领导评价，也要听取学生对教师教学的评价；评价要客观，避免主观性。

整体性原则。中小学美术课堂教学是一个完整系统的过程，是由美术教师积极调动一切教学要素来完成的。因此，评课者不能只听完讲授部分，而不注重辅导练习过程和教学总结部分，每一个教学环节都不应该遗漏。尤其是辅导练习，这是学生主体活动时间最长的环节。这中间美术教师可能要灵活处理各式各样的问题，是备课中所未准备到的。教学是师生的双向活动。评价教师的课堂教学，既要看教师的主导作用，也要看学生被教师调动的程度、呼应程度，要看学生的投入程度和学习的精神状态等。

易行原则。评价标准和评价方法要简便易行，应避免制定烦琐复杂的条款和量化表。其貌似科学，却往往忽略了课堂教学的根本，过于分散的指标会冲淡了教学主体。评价标准要使评价者与被评者一目了然，不因填写诸多表格而使评价者在听课时分散注意力。

三、中小学美术课堂教学工作的评价指标

根据中小学美术教学工作实际，在确立评价指标系统后应制定相应的评价表格或工具，以简明易行的形式落实各项评价指标。例如：

中小学美术课堂教学评价表

学校：　　　　　班级：　　　　　教师：　　　　　课题：

评课人：　　　　　　　　　　　　　　　　　　　　年　　月　　日

评价项目	评价要点	分值
教学目标	（1）教学目标的确定 （2）教学目标的体现	0.10
教学内容	（3）理解和掌握教材内容 （4）教学观念与思想教育 （5）知识传授和技能训练 （6）能力培养	0.20

（转下表）

（接上表）

评价项目	评价要点	分值
教学过程	（7）教案设计 （8）教具及学具的准备 （9）主导作用与主体地位 （10）课堂辅导	0.26
教学方法	（11）教学方法的选择 （12）现代化教学手段的使用	0.14
教学能力	（13）教师基本素质 （14）基本技能 （15）应变能力	0.16
教学效果	（16）预期教学目标的实现 （17）学生的学习兴趣和积极性 （18）完成课堂作业情况 （19）课后测试	0.14

四、中小学美术教学中的说课与评课

说课与评课是近年来出现的一种教学交流和教学评价形式。

说课是教师对自己的课时授课计划、教学设计及其理论依据所作的口头说明。通过简单阐述，说明我为什么要这样上课或设计这节课等问题。现代教学要求教师以教育理论为指导，钻研课程标准、教材、教学参考资料，设计教学策略、教学方法和教学程序，使教学更符合教学原则，避免教学中的盲目性和随意性。说课的目的就是使教学设计理性化，并达到相互交流，共同切磋，提高美术教学质量。

评课是对教师的某一课堂教学过程进行分析评论。是检查教学质量、总结教学经验的一种教学研究方式。可以分为教师的自我评课和由教研小组、同行以评议会形式进行的评课。主要是研讨教学经验，指出存在的问题，分析问题的原因，提出改进建议等。说课侧重于“教学设计”，评课侧重于“教学实施”，而二者之间有着密切的联系。

第三讲
怎样进行“学”的评价

对中小学生学习的评价，包括对课堂教学的知识、技能掌握，教学活动效果和作业效果的评价等内容。

一、中小学生学习评价的意义

认识教学效果：从学生的学习表现中看教学效果，从学生作业中分析学生掌握美术的状况，反省教学存在的问题，以改进教学设计。

激励学生学习：通过指标评价和成绩评定，让学生认识自己的学习结果和掌握的程度，认识教师对自己学习的看法，促进学生反省自己的学习态度和方法，以利于进步。

有利于因材施教：通过对学生学习的评价，可以清楚地了解学生间个体的差异，了解学生进步的程度和学习存在的问题，以便有针对性地因材施教。

完善教学管理：成绩评定是教学管理的重要组成部分。美术教师应为学校提供实事求是的客观的学生学习成绩，以保证学校对学生个人有一个完整的学习评价。

二、中小学生美术学习评价的原则

由于中小学生的美术学习和表现中具有艺术性、个体创造表现性的成分，使得学生的美术学习评价难以制定“量化标准”，这就给学习评价尤其是成绩评定带来了困难，所以，对学生学习评价应遵循以下原则：

导向原则。对学生的学习进行评价，不是为了排名次，而是一种使学生认清学习目标、理解学习内容、指明学习方向的教育手段。因为教育观念、艺术观念决定美术学习的评价标准，所以教师要注意更新自己的教育观念和艺术观念。只有树立正确的教育观念和艺术观念，才能保护学生的创新精神，才能确保美术评价的正确导向。

促进原则。评价是为了对学生学习提供反馈，让学生知道自己学习的程度，了解美术掌握的优点与缺点。通过评价要对学生产生激励、鼓舞作用，使学生增强进取信心。

个性原则。美术的表现性特点决定其评价要注意学生个性的差异，不能像数理化那样有统一的标准。这既是美术学习评价的难点所在，也是必须遵循的原则。个性原则是为了保护学生的艺术个性，无个性便无艺术的多样性与丰富性。这就要求美术教师要有对美术的深刻理解和艺术的敏锐判断力，要善于把握不同类型学生的个性。

慎重原则。由于中小学生重视学习成绩，视为是自己能力的标志，因此教师对学习评定要极为重视。评定美术作业成绩，为求准确和客观，应避免不进行比较而作孤立的评定。可采用先将作业大体分类，然后再反复比较、调整和评定的方法，这样评定的成绩才能比较准确。中小学生的特点是争强好胜，上进心强，学习成绩的评价会直接影响他们的学习态度和情绪。所以，对中小学生的美术学习评价应多采取宽松、肯定和鼓励的办法。

三、中小学美术学习评价的内容与目标

中小学美术教学评价要注重学生学习的过程，即学生在这个过程里得到了什么、学到了什么，而不仅仅是学习的结果。对学生进行评价时应该结合美术学科的特点，明确评价是美术教学过程的组成部分，是美术学习持续的过程，贯穿在美术教学活动的具体环节。

《中小学美术课程标准》非常关注对学生的评价，不仅仅关注学生掌握知识、技能的情况，更关注学生的学习过程、情感态度和价值观等方面的评价，关注学生的全面发展。明确提出要“重视学生自我评价”、“注意对学生美术活动表现的评价”、“采用多种评价方式评价学生的美术作业”等，可见，美术新课程在对学生的学习评价中，突出了质性评价和多元评价的特点。

对中小学生的评价强调促进学生的全面发展，除关注学生美术知识和技能的掌握之外，还应该关注学生多方面的表现，包括道德品质、学习的愿望和能力、合作与交流、个性与情感、创新意识和实践能力等诸多方面的发展。从这个意义上来说，评价应包括学科学习目标和综合性发展目标两个方面：

中小学美术学习目标。中小学美术课程标准对本学科的学习目标作了清楚的描述，在“内容标准”中列出了相应的标准和评价建议。在评价的过程中，我们通常对美术活动中学生的行为表现加以描述，以质性评价的方式完成。

中小学生综合性发展目标。除了美术学科目标外，促进学生全面发展的评价体系中还包括学生的综合性发展目标，建立反映学生全面发展的基本素质和指标体系，包含学生的情绪体验、合作与交流、个性与情感、学习愿望与学习能力、创新意识和实践能力等多方面内容。

• 道德和责任。热爱祖国和人民，热爱科学，对个人的行为负责，具有诚实、公正的品格，尊重他人、尊重自己，表现出公民应该具有的社会责任感，行为表现符合有责任感的公民的标准。

• 学习能力。能自主地、有效地参与美术学习和活动，有参与美术学习和活动的热情，能承担起学习的责任，能积极地对教师的教学行为作出反应，能综合不同学科的知识学习，有探究思考的过程，能对自己的学习过程和学习效果进行反思，并有探究和创新的能力。

• 交流与合作。能思路清晰地、有目的地与他人交流，并理解对方的思想。能与他人一起确立目标并努力去实现目标，尊重并理解他人的处境和观点，能评价和约束自己的行为，能综合地运用各种交流和沟通的方法进行合作。

• 个性与情感。对美术学习和活动有积极的情感体验并拥有自尊和自信，能乐观地面对挫折和困难，表现出勤奋、独立、勇于探索和创新的优秀个性和品质。

四、中小学生美术学习评价的方式

《中小学美术新课程标准》中倡导学生评价要关注学生个体间发展的差异性和不均衡性，要求评价内容多元，评价标准分层，重视评价对学生个体发展的建构作用。参照《中小学美术课程标准》的评价建议，我们把评价注意力放在“重视学生的自我评价、注重对学生美术活动表现的评价、评价学生的美术作业”等方面，积极、乐观、有效地评价学生。美术课程比其他课程要更加注重学生的差异，评价更具有宽容度。

（一）重视中小学生美术学习的自我评价

《中小学美术课程标准》的评价建议中明确，“在重视教师与他人对学生学习状况进行评价的同时，更应重视学生的自我评价”。学生的自我评价可以采用问卷形式，也可以采用建立学生学习档案的方式。标准强调对学生的评价方法要多样化，并指导运用质性的评价方法，以描述和记录为主，真实、深入地再现学生学习和发展的过程。质性评价方法对于促进学生的发展是非常有利的，如行为观察、学习日记、成长记录等，关注学生学习发展的过程，这是量化评价难以胜任的。

成长记录评价是中小学美术课程改革所倡导的质性评价方法之一，它以成长记录的方式汇集学生作品的样本，学生的学习档案收集美术学习全过程的重要资料，包括研习记录、构想草图、设计方案、美术作业、相关美术信息（文字或图像资料等）、自我评价和他人评价的记录等。一般来说，记录内容的选择或提交，是由学生和教师共同决定的，档案袋收集和整理评价的整个过程，它重视学生学习活动的经历，记录学生发展的全过程，提供了相对“真实”的信息和证据，为评价提供了丰富多样的评价材料，使评价具有个性和针对性。

成长记录评价不但是很好的评价方法，而且还能够成为有价值的教学辅助手段，但是它的使用取决于教师的教学观念、评价目的，以及教师的工作安排和学生的精力等种种因素。要鼓励学生创造性地使用档案袋，比如系列收集某一美术活动、学习单元的美术作品或专题手工制作、设计作品等。通过自我评价，让学生明确自己的弱点和发展方向。评定的精神实质是及时发现学生学习和发展中的需要，肯定学生的发展等。

（二）重视中小学生美术学习活动表现的评价

在美术学习和活动过程中，我们把学生的行为和表现作为关注点。通过学生在美术活动过程中的表现，对其美术学习能力、学习态度、情感和价值观方面予以评价。教师要评价学生是否做到有意义的参与，关注学生参与到美术活动中的质量。

五、中小学生美术学习评价的方法

学习表现和课堂作业的评价的一般方法：学生自评，即让学生对自己的学习状态进行分析评价；学生互评，即让学生间互相发表自己的看法；教师指导性评价，指出学生存在的优缺点，教师予以成绩评定或表现评语。

成绩汇总评价的一般方法：将中小学生的平时学习表现集中，将平时作业成绩汇总，进行整合与评定，按学生学习评价的指标系统、平时成绩之比例关系等给予总结性评定。评价一般可作等级评分，或按表现的优秀、良好、合格等给予评定。

（一）中小学美术作业评价的方式

《中小学美术课程标准》强调对学生的美术作业应采取多样的评价方法，作业效果怎样，我们不要简单地采用横向比较，因为学生是有个体差异的，采用纵向的作业评价，能清楚地了解学生的进步和发展中的需要。我们要善于发现学生作业中闪光的表现，并给予及时的肯定和指导，以帮助学生不断进步和发展。

评价学生美术作业的方式很多，教师可以利用课堂时间讲评，也可以让学生自评，还可以给学生评语；办美术作品展或美术作品集，让学生参与展示和评价；还可请家长、校方参观作业展览，参与评价。不管是采用哪种评价方式，教师对学生进行评价都要以客观事实为基础，要注重评价与教学的协调统一，加强形成性评价，关注学生作业的过程，关注学生在各个时期的进步状况和努力程度，关注学生掌握美术知识、技能情况，把对学生的评价也融合在美术学习活动之中。

（二）中小学美术作业评价的具体做法

以往教师对学生美术作业的评价通常以“画得像不像”、“绘画技法好不好”为评价标准，或一味地以宽松的鼓励来评价学生的作业，都具有较大的主观性和随意性，在一定程度上也偏离了美术学科的本质规律，因为这些并非评价美术作品的唯一标准。

中小学美术作业的要求可由“基本要求”、“具体化”、“可选部分”等三部分组成，这是与中小学美术课程的总目标要求相一致的，而这三部分又能与美术作业评价相联系，与美术教学目标系统相呼应，从而组成一个完整的教学结构。由此可组建相应的教学评价目标体系，例如：可设置相应的技能评价指标、认知评价指标、能力评价指标、情感评价指标、素质评价指标等，还可设计相应的评价表格或工具。这样的作业要求学生会感到非常具体，会强化“目标意识”，从而对中小学美术学习产生积极的影响。这一作业要求同时也是评价美术作业的指标，经常使用就能让学生养成自我反思和自我评价的习惯，从而逐渐学会学习。

在具体实施时，教师还要根据作业要求和学生实际，制订出评分指标以及各应占据的评分比例，尤其在美术创作和设计作业中就应该提高创造性的分值，使之成为主要的评价指针。这样的评价虽然不会像文化课题评价那样泾渭分明，但毕竟会使美术作业评价减少盲目性、主观性和随意性，提高美术教学质量。

（评分指标示意表）

美术作业要求与美术教学评价的关系

评价指标	A 级	B 级	C 级	D 级
教学目标	9.5	8	6.5	5
教学内容	19	16	13	10
教学过程	24.7	20.8	16.9	13
教学方法	13.3	11.2	9.1	7
教学能力	15.2	12.8	10.4	8
教学效果	13.3	11.2	9.1	7
总　　分	95	80	65	50

（三）帮助学生进行自我评价

让学生进行自我评价的前提是提供既符合美术学习特点又符合学生年龄特征的评价工具，并制订出便于学生操作的评价指标体系。可分为两种实施办法，一种是由教师根据课程要求设计评价工具，比如出一份试卷、设计一份评价表格等；另一种是直接在美术课本中附上自我评价工具，既能直接联系具体的教学内容，也便于学生和教师的操作。但各课本所使用的自我评价的方法是不同的，具体形式有以下多种：

★简易的自我评价。一、二年级小学生如何进行自我评价呢？有的教材就在每一课后设立“我的感觉”，并设计几个图标，让一、二年级小学生不但能看懂，而且能进行自我评价，简便易行。

★以单元为单位的书面测验式自我评价。在一些美术教材中，每一单元后面附有自我评价测验题，根据该单元的教学内容设计测验题，让学生通过书面测验的形式，对该单元所学结果进行自我评价，其形式有填空题、是非题、选择题、连线题等。

★以单元为单位的表格式自我评价。有些美术教材每一单元后面附有“学生自我评价表”，根据该单元的教学内容设计评价指标，让学生通过填表的形式，对本单元所学知识的掌握程度进行自我评价。

★联合表格式自我评价。一般美术课本的纸张和印刷要求较高，成本也较高，考虑到学生的经济负担，美术课本的页面都一般不多，要在每一章（单元）后都附上自我评价表会有一定的困难。有的课本就在一册教材的最后附一个多单元联合的“自我评价表”，制订出一些常规性的评价指标，让学生对各单元具有共性的要求作出自我评价。

（四）建立学生学习档案

学生自我评价可以采用问卷形式，也可以采用建立学生学习档案的方式。学生在学习档案中收集美术学习过程中的重要资料，包括研习记录、构思草图、设计方案、美术作业、相关美术信息、自我评价以及他人评价的结果。

学生通过建立美术学习档案以提高美术学习的主动性，促进在原有水平上的发展，有效地提高学习的质量。教师通过学生的美术学习档案，了解学生的学习态度和学习特点，了解学生对美术知识、技能的掌握情况以及在观念和技法上的进步，发现学生的潜能，了解学生发展中的需求，及时给予针对性的指导。

（五）学生美术活动表现的评价

美术活动表现评价要求通过观察、记录和分析学生在美术学习活动中的客观行为，对学生的参与意识、合作精神、操作技能、探究能力、认知水平以及交流表达的能力等进行全方位的综合评价。活动表现评价可以采用个人、小组或团体的方式，既可在学习过程中进行，也可以在学习结束后进行。评价结果以简单的形式加以记录，并给予学生恰当的反馈，以鼓励多样化的学习方式。

“美术活动表现评价”指的就是对教学过程的动态评价，按具体操作技术而言，一般可分为简易的美术活动表现评价和较全面的美术活动表现评价两类。

其一，简易的美术活动表现评价。一般是由评价者在听课时，客观地观察、记录教师的教学行为和学生的美术学习行为，便于在课后进行较深入的分析和评价。评价的记录方式主要是笔录，有条件的也可以使用摄像机和录音机帮助记录。由于这种评价活动便于操作，可以作为常规性的评价方式贯穿于平时的教研活动之中。学生美术活动表现评价包括学生在教学过程中的参与意识、合作精神、操作技能、认知水平、探究能力、积极思维和交流表达的能力等。

然而，教师毕竟是教学活动的组织者，学生种种美术活动表现的机会是教师所提供的，学生的各种能力也是在教师长期培养下形成的，所以，当我们在评价学生美术活动表现的同时，必然要评价教师的教学行为。主要包括：是否创造性地设计了教学内容和教学目标，并巧妙地运用教学媒体便于学生接受；能否有效地指导学生并提供了多少让学生自主学习的机会；能否将作业要求设计成既适合大多数学生又兼顾特殊学生的需要；是否能创设生动的学习情境和便于师生互动的组织形式；是否民主平等地展开提问、讨论，激发学生的想象和思维，引导美术或设计活动等；所使用的教学模式和教学策略能否引发并生成新的教学目标、灵活机智的应变能力、教师的人格魅力、个性化的教学风格与艺术等。

由于对学生美术活动表现的评价是动态的，因此应重视质性评价。可以将评价内容细化，分别作出质性分析，然后在此基础上归纳为质性描述。

其二，全面的美术活动表现评价。包括背景情况调查、课堂实录和课后评价三个阶段。数据的收集也更加详尽。这种评价的操作要求比较高，也比较复杂，需要有专业人员的指导和帮助，还需要一定的人力、物力和财力，常常作为大型的美术教学研究课题的组成部分。

思考与练习：

1. 分析中小学美术教学评价的意义？
2. 中小学美术教学评价的分类有哪些？
3. 分析现代教学评价的发展趋势？
4. 中小学美术教学评价一般应遵循怎样的基本程序？
5. 中小学美术教学评价应该注意哪些问题？
6. 中小学美术课堂教学工作的评价原则是什么？
7. 对中小学美术教师的教学展开评价的目的和意义是什么？
8. 如何进行学生美术活动的表现评价？

第六课　怎样开展中小学美术课外活动

课程名称： 怎样开展中小学美术课外活动。
授课时数： 五至八学时。
教学目标： 学会开展课外美术活动。
教学重点： 相关理论和组织实施。
教学难点： 开展各种美术课外活动的方式和方法。
作业要求： 详见本课后的“思考与练习”。

第一讲
中小学美术课外活动的定义和相关理念

美术课外活动是美术课外教育活动的简称，它的教育内容应比课内更加丰富，它与课堂教学协同作用，是课堂美术教学的自然延伸和补充，是学校教育的组成部分。因此，开展美术课外活动的意义重大。

在中小学课程改革大背景下，美术课程的价值、美术教育的目标、美术教学的方式等都发生了一系列变化，相应的美术教学活动的内涵和形式也发生了很大的变化，教学活动的范围已由课内拓展到课外，因此，组织美术课外活动的前提是明确概念和相关理念。

一、定义中小学美术课外活动

美术课外活动是指学校在课堂美术教学计划之外对学生所进行的各种美术教育活动，是学校课余美术活动与校外美术活动的总称。随着美术教育改革的不断深入，人们已经清楚地认识到：课外美术活动与课堂美术教学能产生协同作用，课外美术活动不是与课堂美术教学无关的课余活动，而应该是课堂美术教学的自然延伸和补充。美术课外活动是学校教育的组成部分。校外美术活动是课外美术活动的有机组成部分，是指由校外教育机构或组织对学生进行的美术教育活动。作为教育活动的一种重要形式，中小学学校应该积极创造条件，有计划地开展多种形式的美术课外活动。而作为中小学美术教师则应该具备组织、指导课外美术教育活动的能力，认真负责地开展美术课外的教育活动。

二、中小学美术课外活动的目的和意义

美术课外活动的内容和形式是丰富多彩的，开展美术课外活动能活跃学生的文化学习生活，能深化学校美术教育的追求，促进学生全面素质的发展。通过开展美术课外教育活动能丰富审美教育的层次，满足学生发展综合素质的需要，开阔眼界，有利于开发学生美术方面的才能，为发现和培养美术人才服务。而且，美术课外活动开展得好与坏，已成为评价美术教师、学校美术教学、学校艺术教育乃至素质教育工作的重要因素。因此，中小学校应积极开展课外美术教育活动，充分利用学生的课余时间和校外教育阵地，组织美术活动小组，举办美术专题讲座，开展美术实践活动，发展学生的美术兴趣和特长，丰富他们的精神生活，

优化他们的文化教育环境等，这些就是开展美术课外活动的目的。开展中小学美术课外活动的目的和意义还可以归纳为如下四点：

（一）进行综合素质教育，促进学生全面发展

在美术教师的指导下，通过丰富多彩的美术课外活动，可以对学生进行美育、德育、智育和综合素质教育，能开扩眼界，增长知识，培养高尚的思想品德情操，能造成学生的情感、态度、价值观方面的积极变化等。同时也可以发展学生的观察、记忆、想象和美术造型的能力，引导学生认识中国和世界优秀的美术文化，增强他们的美术欣赏能力。让学生感受美、理解美，在日常生活中以健康的审美观点来认识和辨别周围的事物，逐渐形成高尚的情操和品格。因此，美术课外活动，是一种很好的教育形式，它是进行综合教育，促进学生全面发展的有机组成部分。

（二）补充和延伸中小学课堂美术教学

开展课外美术活动，会对课堂美术教学产生积极影响，能充实学校美术教育工作，是课堂教学的补充和延伸。学生通过参加美术课外活动，可以把课堂中获得的美术基础知识和技能，在课外自觉地加以巩固、充实和提高，进一步开阔学生的眼界，提高知识技能的深度和广度，增强对美术的浓厚兴趣和爱好。由于中小学美术课堂教学的时间较为有限，因此，美术课外活动能为课堂美术教学提供必要的补充。让爱好美术的学生，在美术课外活动中更快成长，跳出课堂的知识局限，满足他们的求知欲望等，而使课外美术教育活动成为因材施教的一种良好方式。

（三）美化环境，丰富校园文化生活

在开展美术课外活动过程中，教师把一些对美术有兴趣的学生组织起来，发挥他们的特长，可以起到学校美术工作队的作用。比如学校的中心工作的宣传、校园环境的美化、团队活动的布置、节假日活动的装饰等，组织他们出墙报、写黑板报、画宣传画、写标语口号、布置各种展览等，这些工作都是与美术课外活动分不开的，通过这些美术活动，体现学以致用的原则，不仅可以巩固提高学生所学的美术知识技能，而且有利于学校各项教育工作的开展，活跃学生的学习生活。

（四）培养美术才能，为专业院校培养人才

中小学美术教育主要是为了对所有学生进行审美教育，而并不是为了培养美术专门人才。当然，并不排除在其中发现对美术有特别兴趣和爱好的学生，对其进行培养、教育而输送到高一级美术学校的可能性，这也是因材施教教学原则的体现。因此，为专业院校培养美术人才的使命主要应该由美术课外活动来完成。

第二讲
中小学美术课外活动的组织与辅导

延伸和丰富课堂教学的美术课外活动，要以培养学生的综合素质和发展智能为重点，要加强美育，提高艺术鉴赏能力，促进知识的学习和技能的训练，培养和发展学生美术创作才能等，要恰当地安排各种学习活动。

美术课外活动可根据情况采用不同的组织形式和活动方式。为了保证教师把主要精力用在课堂教学上，组织形式不宜过多，教师要加强美术课堂教学与美术课外活动的内在联系，有些美术课外活动可以让学生自己开展。组织形式和活动方式的选择，应根据学校、学生和教师等各方面条件和需要，作全局的考虑和安排。

一、中小学美术课外活动的组织

中小学校的美术课外活动可分为群众性活动、小组活动和个人活动几种形式。而课外美术活动的最主要的组织形式是美术活动小组。为了使一部分有特殊美术才能和兴趣的学生得到较多的学习机会，可以组织美术课外活动小组。学生参加美术课外活动小组应本着自愿的原则，并要考虑到学生的年龄和年级特点，教师还要根据学校的具体条件，妥善规划。每个美术课外活动小组人数不宜过多，一般以12—18人为宜，要选出组长和副组长，制订学习纪律和学习计划，要安排固定的活动地点和时间。小组的活动安排应当服从学校的全面计划，小组活动时间的确定要符合学校的有关规定。同时，课外美术活动可以整合其他学科的相应内容，促使课外美术活动小组有更大的活动空间。

根据参与活动人数的不同，美术课外活动主要可以选择以下三种组织形式：

其一，群众性的美术教育活动。这是指参与美术教育活动的人数较多的活动组织形式。

这种组织形式的具体内容多种多样，如参观各种美术作品展览，观看各种艺术成果展示，观看专题美术电视、电影、录像，邀请美术家举办讲座和各种绘画表演，组织学生举办美术作品展览，举行主题班会，参观工艺美术厂，参观艺术性主题公园等。这样的群众性美术教育活动能充分调动大多数同学的美术学习积极性与审美兴趣，能较广泛地对学生进行审美教育，丰富并拓宽课堂美术教育的内容。

其二，美术兴趣小组活动。作为课外美术教育活动最普遍的基本组织形式，它是依据学生美术学习的兴趣和爱好而组建的，可细分为水墨画、手工制作、儿童卡通画、版画、设计、素描、速写、水彩、折纸等兴趣小组。兴趣小组的人数不宜过多，每组8—10人为宜，可以多分几个组。

其三，个别学生的美术教育活动。通常是在教师的指导下，对个别学生进行的美术教育活动形式。个人美术活动的组织形式具有较大的灵活性，时间、地点、内容的安排可以依据学生的实际情况来确定与实施。施教的教师可以是学校的原任教师，也可以由校外有经验有资质的教师或者是最了解学生情况的家长担任。教师上门家教、学生登门求教或外出写生等都是学生个人美术教育活动的具体体现。个人活动往往与小组活动是相互补充而进行的，可以最大限度地发展学生的美术才能。其中，学生的自主学习和探究更是一种难得的美术自我教育活动。

课外美术教育活动的三种组织形式是相辅相成、互相渗透的关系，群众性活动是小组活动和个人活动的重要基础，而小组活动和个人活动又成为群众性美术活动的技术支持和发展动力。因此，课外美术教育活动依托不同组织形式，造成了课内外相结合、校内外相联系、普及与提高相促进的美术教育状态。

二、中小学美术课外活动的内容

中小学美术课外教育活动的内容丰富，大致可分为三类：

其一，以增强美术知识文化修养，陶冶高尚情操为主的活动内容。例如春游、秋游、参观名胜艺术古迹和植物园、美术作品欣赏、美术知识讲座、参观各种艺术展览、拜访艺术家、参观附近的各类工艺美术作坊等，在这类活动中都包含上述内容。通过活动，增强学生的美术知识文化修养，加深学生对自然美、人文美、社会美、艺术美的认识和感受，接受审美的教育，陶冶情操，完善人格，促进学生的全面发展。

其二，以培训和发展美术方面的技能技巧为主的活动内容。有水墨画、素描、速写、版画、儿童卡通画、水彩画、电脑绘画、剪纸、折纸、刺绣、泥塑陶艺、编织、纸工、木工等五花八门的内容，具有很大的现实性与广泛性。这类美术课外活动的内容往往比较系统，如各种美术门类的技法技巧，手工制作的方式和技法等。其主要教学目标是，通过活动组织指导学生进行特长训练，提高学生的美术技能特长，增强表现能力和创作能力。

其三，随机安排的美术课外活动内容。例如与外校的美术交流、参观美术活动表彰会、联谊会、组织夏令营、现场美术表演、各类美术竞赛等，这类活动涉及的因素较多，是难以事先完全确定的，具有随机安排的特点，这类活动虽不是很多，但对学生的影响是很大的。运用所学习的美术知识、技能，参与社会实践，在实践中学习锻炼，让学生在一种相互影响、竞争的条件下使美术方面的各种才能得到发展。这一类活动一般宜选拔那些美术基础较好的同学去参加。

三、中小学美术课外活动的表现

课外的其他美术活动，不仅局限于美术课外小组所开展的活动，还有些是群众性的美术活动。开展这些美术活动，对大多数学生加强美育，提高美术鉴赏能力，增长美术知识和技能，具有普及意义。

·全校性的学生美术作品展览。举办全校性的学生美术作品展览，应该结合重大节日活动或重要事件来进行。比如“六一卡通漫画展”、“迎国庆美术作品展”、“迎奥运宣传画展”、“抗震救灾主题画展”等。也可以安排在期末，结合各科作业同时进行汇报展览。开展这样大型的群众性展览活动，美术教师一定要事先作好计划，取得学校领导的支持，选好展出的场地。作品的内容可以多种多样，比如课堂习作、课外创作、结合节日的主题性作品等，教师还要特别注意对学生进行思想动员和作品的搜集工作，以保证作品的质量。美术作品可按年级或画种等进行分类展出。展出后要有计划地组织全校师生或邀请学生家长参观，并做好对美术作品的评选工作。对评选出的优秀美术作品应给予一定的物质奖励或精神奖励。美术教师可以将选出的优秀作品向有关报刊、杂志、展览会或出版部门推荐，还可以邀请有关宣传媒体给予宣传和报道。

·美术课外活动小组作品展览。为反映美术课外活动小组的学习成果，鼓舞和促进组员学习的积极性，同时也激发全校学生对美术课学习的兴趣和爱好，应该定期举行阶段性的美术课外活动小组内部观摩展览，和面向全校师生的美术课外活动小组作品汇报展览。为了搞好这种展览，以收到良好的展出效果，美术教师要帮助美术小组做好展前的准备工作，选出一批较好的课外作业，把好展出作品的质量关，还要注意展出作品形式的多样化。

·课外美术作品展出的评比。为了促进这项活动的开展，可以组织班级间的或全校性的专题专项美术作品、板报、橱窗设计的竞赛评比等。根据活动内容安排，要及时地进行检查和指导，合理运用评价方法，给予积极的评价。此项活动能有效地激发学生参加课外美术活动的主动性和积极性，是扩大学校美术教育的影响的有效方式。

·参观美术作品展览。美术教师有计划地组织学生参观美术作品展览，是向广大学生进行审美教育，以开阔视野、陶冶情操、提高艺术素养和审美能力的重要途径。为了取得参观的良好效果，要利用节假日或课余时间，安排好参观行程。参观前，要向学生进行交通安全教育和组织纪律教育。参观过程中，教师要做好引导、分析、解说等工作，以加深学生对艺术作品的理解，还可以让学生做好笔记，以便事后组织讨论。

·访问美术家或艺术家。组织学生访问美术家或艺术家，是一种很有意义的教育活动。这种活动要事先联系安排并明确访问的内容，受场地的限制，参加的人员一般不宜过多。在访问中，可请美术家或艺术家讲解有关美术或艺术活动的社会意义，介绍他刻苦学习的情况，也可以欣赏他们的作品，或请他们当场作示范和表演等。访问美术家或艺术家的活动应在条件许可的情况下组织进行。

·户外写生活动。这是一种很能激发学生学习兴趣的集体性美术课外活动，美术教师应该组织学生外出写生。有条件的学校，可利用节假日或寒暑假期等组织学生到风景区旅游，参观名胜古迹，欣赏大自然和建筑艺术的美，同时进行风景写生。通过户外写生活动，既能增长学生处理个人生活的能力；又能增强同学之间的团结、互助和友爱的集体观念。在户外写生活动期间，教师要特别注意安全教育，对学生的学习、生活、组织纪律、活动安排等全面负责。

·观看美术影视和录像。在教学条件允许的情况下，可组织学生观看美术电视、录像和电影，这是一种很好的美术课外活动形式。随着现代教学设备的迅速发展，为开展这种活动提供了可行性。因此，美术教师应该积极创造条件，充分利用现代化的教学手段。例如，组织学生观看各种类型的美术教学片、美术资料片、美术动画片等。美术教师利用现代化的手段教学，形象直观、生动活泼，有利于激发学生学习的积极性和主动性。学生对组织这种活动比较感兴趣，往往能收到事半功倍的良好教育效果。

从上可见，美术课外活动目标追求与美术课堂教学目标是一致的，主要体现在以下几个方面：为了提高学生的造型表现方面的能力；为了提高学生的审美鉴赏能力；为了加强学生的表现应用方面的能力；为了培养学生的设计应用方面的能力；为了拓展学生的综合素质等。

四、中小学美术课外活动的辅导

美术教师不应该把对中小学生的美术课外活动辅导工作当成额外负担，更不应该忽视这一项工作的重要性。必须认识到，在美术课外活动中无论是进行综合素质教育，还是进行美术知识技能的培养，同课堂教学的教育原理都是一致的，而且美术课外活动中的教育因素要比课堂教学丰富得多、生动得多。美术教师不仅要关注学生在美术课堂上的学习，而且要加强对学生美术课外活动的辅导。教师还应认识到，美术课外活动小组成员是普及群众性美术活动中的骨干力量，是美术教师配合学校开展宣传教育工作的得力助手和突击队。因此美术教师要积极创造课外美术活动的条件，加强美术课外活动的辅导。搞好美术课外活动的辅导，应该做好以下几方面工作：

·要有明确的美术课外活动计划。美术教师应该计划安排本学年或本学期要开展的具体活动，要落实经费、物质和材料，要安排地点、时间和活动方式等。要像美术课堂教学一样认真设计和执行这一计划。

·要取得学校领导和有关方面的支持。将美术课外小组的活动纳入学校素质教育和美育的轨道，纳入学校总的活动日程。将美术课外活动工作置于班主任以及学校各方面工作的同志的积极支持下，就会发生和谐作用，使教育教学形成合力。

·要合理分工，责任到位。开展美术课外活动要落实工作责任，层层负责。做好教师的分工，要落实外聘教师，确定小组成员以及各学习组的组长。美术教师要激发学生的学习积极性和主动性，把指导性活动计划变成学生自己的要求和行动。

·要充分发挥学生骨干的作用。美术课外活动小组，是学生自愿参加的自发性组织。在活动中，虽然也需要有教师的辅导，但不同于课堂教学，教师除了在组织管理、方法原理、知识技能等方面作必要的辅导之外，它主要是依靠学生独立地、自觉地去活动，因此，教师必须充分发挥学生在活动中的主观能动作用，尤其是小组长和学生骨干，要起模范作用，带领组内同学积极开展活动。可以用高班辅导低班，老组员带新组员等多样灵活的方式进行，引导学生共学互教，广泛交往，收到良好的效果。

·要注意活动内容的思想性、丰富性和趣味性。在美术课外活动中，教师要帮助学生拟定活动计划，注意活动内容要丰富，形式要多样，使学生乐于参加，以增强学习兴趣。同时，还要注意活动内容的思想性，使学生在活动中受到教育。

·要经常检查，及时指导。在学校美术教育工作中，美术课外活动小组能起示范作用。指导教师要认真负责，及时进行指导，经常检查学生的活动情况，使美术课外活动小组日益巩固、发展和提高。指导教师应该经常了解学生们各门课程的学习成绩，加强思想品德教育，帮助学生建立必要的制度，创造良好的活动条件，及时解决活动中存在的问题。

·定期总结，及时汇报。美术教师应该定期总结课外美术活动情况，及时向学校领导汇报。每次活动结束时要做小结，期末和学年末要做全面性的总结，应肯定活动的成绩，找出存在的问题，指出今后努力的方向。同时，还要举办学生美术作品展览，作美术课外活动成绩汇报，要评选优秀作品，表扬和奖励美术课外活动积极分子等。

第三讲
中小学美术课外活动的教学与实施

一、中小学美术课外活动小组的教学方式

·室内外相结合，进行美术基础训练。基础训练是美术小组活动的主要方式，一般是在室内进行技能训练，例如色彩写生与图案设计等。为更有益于开阔视野，丰富知识，激发绘画激情等，在室内进行训练的基础上，也可以利用节假日或适宜的时机，组织小组成员到室外进行有针对性的写生练习。

·集体授课与分散活动相结合。集体授课如同班级上课，应有固定的美术教室。美术课外活动小组就是新的学习集体，应在学校规定的时间内，按照教学计划、活动内容进行学习和训练。分散活动，是在学校规定的时间之外，学生按教师的布置和要求，在课余时间分散练习。集体授课与分散活动相结合是美术课外活动的突出特点。

·定期评价业余习作。美术小组集体活动时间必定是有限的，小组成员在课余时间分散练习的作业，美术指导教师应该定期检查、指导和组织评价。

·组织小型画展。这既是美术课外小组活动成果的汇报，也是美术课外活动小组通过选画、装裱和布置，使小组成员得到多方面的锻炼的一种方式。

·组织参观美展。组织美术课外活动小组成员参观美展，可以开阔他们的美术视野，提高鉴赏能力，吸取表现技巧，启发形象思维，开拓创作思路，提高构思构图能力。参观美展时，教师应对他们进行讲解和引导，让他们发表对作品的看法，使其熟悉美术现象，认识美术文化，培养健康的审美观念。美术作品对学生具有潜移默化的影响。

二、注意把握兴趣发展与其他文化课的关系

据调查，有些美术课外活动积极分子和小组成员，虽然他们有志于将来从事美术工作，但文化课成绩并不高。为了解决这个问题，美术教师要帮助学生分配好美术训练与文化课学习的时间。初中一、二年级，虽然各门功课很多，但学生精神压力较小，适当地在课余时间进行美术基础训练和自行练习，有利于美术基础的提高，也不会占用各门功课的学习时间，影响其他文化课的学习。进入三年级后，学生面临毕业升学，精神压力较大。如果这时不加节制地练画，势必影响其他课业的学习成绩。因此，对初中学生的课外美术基础训练应从一

年级开始，二年级要抓紧，三年级要适度。高中阶段美术学习的时间很少。对于要报考美术类大学的学生必须严格计算好时间，在美术教师的指导下，制订切实可行的美术学习计划，提升学习效率，合理利用时间。

分析美术课外活动小组一些成员文化课学习成绩偏差的原因，是帮助他们搞好文化课学习的关键。我们应该看到，其实他们都很聪明，理解能力也很强，而且富有个性和自信，但就是学习成绩较差。其主要原因是：

· 兴趣过于集中，学习时间分配不当。学习成绩偏差的学生，往往是兴趣集中于绘画。绘画是技巧性很强的技能，需要花费大量的时间进行练习，例如一幅静物写生往往需要几个甚至几十个小时才能完成。美术小组的学生一旦兴趣集中于绘画，往往平时想的是画画，手上也不停地练画，甚至文化课上也偷偷地画，他们容易被自己的兴趣所左右，而不会合理地安排学习时间。

· 思想认识片面，轻视基础文化课学习。不少学生认为自己反正是报考美术学校，将来搞美术，用不着理科知识，所以放松对理科的学习，在文科中也只重视语文，还不愿意学习外语和数学，嫌它们占据自己画画时间等。轻视文化课的思想一旦形成，学习就会放松，甚至会产生厌烦感，在学习态度和学习成绩上就会反映出来。导致学生思想认识片面的原因，一是对基础文化学习的重要性认识不足，二是受过去高等艺术院校招生不重视文化课的影响。为了改变美术小组成员学习成绩偏差的现象，美术教师既要进行重视文化课学习的教育，还要采取以下方面的措施：

其一，与家长、班主任联系，互相密切配合。美术教师要与班主任、学生家长进行必要的联系，共同做学生的思想工作，检查、督促其文化课的学习，帮助他们克服学习中遇到的具体困难，促使学生合理支配各学科的学习时间，家长尤其要安排好子女在家的学习时间。

其二，开展“做一个有高度文化修养的艺术家”的理想教育。美术小组的学生一般都有当画家、艺术家的理想，要针对学生的理想进行教育。让学生明白艺术的创造需要文化知识做基础。艺术学习进步的速度取决于理解，文化基础差理解能力也不会强，将来就难以做更深入的学习研究和创造。绘画虽然要掌握技巧，但更重要的是表达思想与感情，绘画达到一定程度后，文化修养就会成为艺术创造和成就的决定因素。任何时代的大画家都是时代文明的代表。

其三，相应的组织措施。个别美术课外活动小组成员，对绘画兴趣过浓，废寝忘食，不择时间地练画，以致影响其他课业的学习，就有必要采取强制性措施，促使其文化课成绩的提高。例如停止美术小组学习，要他补上功课，待各科文化课成绩提高后，再吸收他进入美术小组活动等。

三、举办小型美术展览应该注意的问题

学校的任何活动都应对学生起教育作用，因此，举办小型美展要注意以下几个方面：

· 作品的选择。全校性的优秀作品展览，应该面向各个班级，各班作品数量不要差距过大，更不要轻易丢掉某一个班。学生将班级入选作品的多少，往往视为班集体的荣誉，因此，美术教师不可低估学生的这种心理状态；各班级的优秀作品展览，选画不必过严，应该照顾学生的进步幅度与完成作业的态度，起到鼓励的作用；美术课外活动小组的作品展览，作品选择要相对严格，使其起到示范作用。对水平超常学生的作品可以严选多展，使其产生激励作用。

· 作品的装裱。美术作品展览之前，美术教师应当指导学生对美术作品进行适当的剪裁和衬托。如果学校备有镜框，效果会更好，要注意衬纸的选择，以及作品放在镜框内的位置等，要给人以美感。装裱作品如同人的着装打扮，通过装裱衬托，突出了作品主题，能起到提神美化的作用。由于中小学的财力有限，装裱作品不可能过于讲究，要量力而行。

·作品的布置。展览作品的布置要考虑到展出地点和展览设备。如在走廊挂镜框的展出，要注意镜框高低大小的安排。如在橱窗内展出，要注意整个橱窗的衬纸，画的位置和布局。若在阅览室内展出，要注意布置得与室内环境协调。我们期待，现代化的中小学校最好建有多功能的展览厅，能为学生的丰富多彩的美术作品提供展示的空间。

·前言的撰写。面向全校性的美术作品展览，要撰写前言。前言的作用是不可忽视的，它具有指导性，是思想教育，也是审美教育。前言可以由美术教师自己写，也可以请学校领导或有关教师撰写。前言的文字要简练优美，抄写要工整，要有艺术性。

·海报的宣传。海报是一种宣传形式。精心设计的海报，能以优美的形式传达相应的信息，引人注目，振奋人心，海报创作本身就是一种审美教育。因此，应该认真对待学生美术作品展览的海报，最好由教师和学生共同设计和绘制。

·优秀作品的收藏。优秀的学生美术作品学校要予以收藏，或存放于美术教师处，或存放于图书馆。这些作品是学校美术教育成绩的形象资料，是下一届学生学习的范画。对于收藏的优秀的美术作品，可以长期展挂于学校的相应场馆，供师生们欣赏。要以学校的名义发给“收藏证书”，可以使学生感受荣誉，体验成功，受到激励。

总之，美术教师要善于选择有利时机，有预见性地安排时间，组办好小美展。

四、举办美术讲座应该注意的问题

由于中小学美术课时有限，而为了丰富学生的文化生活，提高学生的艺术修养和文化素质等，中小学校应该重视开展“美术讲座”活动。一些中小学校的实践表明，举办美术史讲座或介绍某种艺术的专题讲座，很受学生和教师的欢迎，效果很好。有的中小学校利用团队活动时间，邀请美术教师定期举办美术讲座，使团队活动搞得富有生气。美术讲座的内容是多方面的，如“摄影与美术”、“卡通动漫创作”、“身边的美术”、“民间美术欣赏”、“生活时尚服饰”、“速写技法”、“当代美术思潮”、“工业设计与美术创作”、“中外美术作品欣赏”等。准备讲座的过程，也是教师专业理论提高的过程。中小学美术教师应将举办“美术讲座”视为分内工作。当然，作为中小学的美术教师要经常开展多项专题的美术讲座是有困难的，但是可以利用社区的美术教育资源来开展美术教育，可以用请进来的办法，请同行、专家、从事美术工作的家长共同来参与“美术讲座”的教育活动。

五、美术课外活动可开发与利用的教学资源

·中小学校应配备一定的美术教学设备与器材，最好能配置美术专用教室，并提供储藏教具、工具、材料的场所以及展示学生美术作品的场所。有条件的学校应配置可供美术课使用的多媒体教学设备。

·中小学校的图书馆应配备一些美术书籍和其他美术资源，包括教师参考书、学生参考书、美术杂志、美术教育杂志、幻灯片和光盘等，供教师备课及上课，学生收集、查阅资料以及自学或合作学习时使用。

·中小学美术教学应广泛利用校外的各种课程资源，包括美术馆、图书馆、博物馆、文物资源、艺术家工作室等。中小学校应与社区携手，开展多种形式的美术课外教育活动。

·尽可能利用自然环境资源以及校园和社会生活中的活动、事件来进行美术教学。

·有条件的中小学校应积极开发信息化课程资源，充分利用，获得最新的美术教育资源，开发新的教学内容，探索新的教学方法，例如，网络技术为开展学生之间、学校之间、省市之间甚至是国际之间的美术作品展览提供了可能，美术课外活动将迈上一个更为广阔的交流平台。

六、中小学美术课外活动的指导方法

（一）指导中小学美术课外活动应遵循课堂美术教学的基本方法

根据美术学科特点，美术课外教育活动指导同样应该遵循课堂美术教学的基本方法：讲述法、问答法、讨论法、演示法、观察法、比较法、练习法等。但是，美术课外活动毕竟不同于课堂教学，更多的是在教师指导下的艺术欣赏和美术创作，因此，美术课外创作指导法就显得尤为重要。例如：

·节日布置指导方法：教师事先准备好材料和手工制作用具。先根据大家的意见确定装饰布置的具体方案，然后分工协作。完成后进行总结评价。

·陶艺指导方法：美术教师应事先与陶艺工厂约好参观的时间、项目、路线和交通工具等。陶艺参观活动应按计划有序地进行，不能影响工人们的正常生产。在参观过程中应有意识地指导学生重点记住陶瓷产品的制作过程。在制坯车间还可与师傅商量，让学生也动手感受陶泥、瓷泥，将学生捏出的土坯煅烧制成陶艺、瓷艺成品让学生带回。目前，有许多学校已经有了自己的陶艺教室，这就更有利于学生的学习。

·计算机绘画指导方法：中小学美术教师应事先同计算机室联系，请专门教师进行技术指导。中小学美术教师最好自己也能熟练运用有关软件，并能进行电脑绘画或设计的教学和指导。教师可巡回指点学生的操作绘制过程，作品完成后，可用彩色打印机将其打印出来，并举办展示、评比活动等。

·编绘手抄报指导方法：教师提出手抄报的主题与编绘要求，通过指导观摩其他报纸的样式特点，分步进行报纸的排版、标题、书写、插图等过程，直到完成。然后张贴、评比，肯定好的地方，指出不足之处。这个活动可能需要较多的时间才可完成，教师可分数次做好指导工作。

·绘画创作指导方法：面对家长或学校总希望孩子能有进步，美术作品能参加美术竞赛或展览，能取得优异成绩的需求，中小学美术教师对美术活动进行辅导时，会出现不同的倾向，有的美术教师以自我为中心，让学生完全按照自己框定的范围发展，注重技术的传授，表现出传统式的教学追求；有的美术教师以愉悦为目的，让学生自由自在，无拘无束，实行的是放任式的教学；有的美术教师用成人的艺术思想观念与现代美术思维去影响中小学生，执著于纯艺术式的教学。当然，尊重学生的个性、激发学生的悟性，开发学生的潜能，让学生均衡发展是更多的中小学美术教师非常注意的问题，并采用相应的教学辅导方式。

（二）尊重中小学生个性，进行开放式教学辅导的步骤和方法

确立教学辅导的根本目的在于：培养学生学习美术的浓厚兴趣，提高综合素质与能力。通过绘画学习，使学生能大胆地用绘画语言表现自己的生活、愿望、情绪，与人交流，发展自我；进行观察、感觉、想象、创意思维的训练，不仅仅是为了发挥艺术方面的才能，还利于思想、品质、意志力、好奇心、独立性等非智力因素的发展；要注意不同学生的年龄特点与程度差别，使每一个学生都在原有的起点上有所进步。通过努力，就算不能参展或获奖，但这些创造的经历与艺术审美的追求都会积淀为美术修养，会使学生受益终生。

把握教学辅导的三个阶段：其一，激发兴趣，产生愿望。很多中小学生并不是一开始就对美术很感兴趣，需要通过教师的示范、演示，学生的表演，作品的欣赏介绍等来诱导激发他们的学习愿望。中小学教师的综合素质与能力起很大作用。边讲边画，声、情、行、貌等都具有鼓动性。其二，由浅入深，稳步提高。通过一段时间的兴趣培养后，可以让不同程度的学生在各自的基础上进行系列学习与训练，尊重学生们的爱好和兴趣，由浅入深、从简到繁地进行观察、记忆与表现。在这个过程中，可适当渗透形式美感与审美意识方面的知识，应使这些知识通俗化，让学生理解明白。禁止对学生作品采用对错式的终极评价方式。要少干涉，多建议，顺其自然，在训练过程中要从始至终地保护学生的学习兴趣，以激发学习的自主性和积极性。其三，张扬个性，保持风貌，让学生逐渐保持自己的绘画个性和作品风貌。经过较长时间的训练和影响后，学生们的兴趣浓厚，认识与表现等综合能力有所提高，接着辅导的重点应转移到发展学生能动的记忆力、想象力和创造力上。这时期要特别注意学生个

性倾向特征的爱护，帮助他们认识自己和自己的创作，使之朝自己风貌的方向发展。这个阶段就是真正意义上的开放式创作辅导，在教师的精心辅导下，学生们能创造出很多具有魅力的美术作品。

总之，尊重学生的个性，激发学生的悟性，注重学科的特性，教好可以教的方面，引导好不可以教的方面（悟性、灵气、个性等），能教则教，能导便导，不搞拔苗助长。

进行开放式教学辅导时应注意：

·多肯定学生的作品。学生们对自己的作品，缺乏鉴别优劣的能力，不知作品好在哪里，不足在何处，更难理解那些受表扬的作品为何能参展、获奖、发表。这些都需要中小学美术教师具有较高的文化艺术修养与审美评价能力，能客观、公正、具体地去评价他们的作品，使他们在相互交流、竞争的心态中将学习与创作结合得更好。

·多方面学习并举。每一个学生都不可能在很多时间内单一地学习美术并进行训练，而是需要有多种学习形式与学习内容的调剂，与美术内容相关的故事、生活逸事等都可以是辅导美术创作的鲜活内容，对此学生很欢迎，也乐意接受。美术知识与学生的生活经验相联系会相得益彰，使学生有多方面的收益。

·多形式进行授课辅导。单一的教学形式总给人单调乏味之感，或多或少会影响学习效果和创作积极性，这是辅导所忌讳的。室外观察、参观、室内写生、讨论、学生示范表演，变换教学节奏和方式等，都会给学生一种不同寻常的启示与思路，使他们的灵感在变换的学习形式中有所呈现，都可能激发表现热情，丰富表现手段，促生好的美术作品。

·多与家长交换美术教学的意见，帮助正确对待儿童的美术学习。不少天资聪慧的儿童，由于家庭的盲目干涉、指导，失去了很多有价值的东西。经常同家长交流，请他们旁听，让他们提高自身的认识水平，少干预学生们的创举，将会使学生们的美术学习与绘画创作顺利进行。要重视家庭对儿童的直接影响，因为开展课外美术教育必须取得多方面的理解和支持才行。

（三）普通高中开展美术课外活动的相关提示

《普通高中美术课程标准》中明确指出，目前普通高中美术课程受师资和设备条件的影响极大，现阶段各学校可根据自己的实际情况开设美术学习模块中的部分课程。由此本书在美术课外的活动一课中加入了“高中美术课外学习活动建议一览表”（请见课后），供不同环境和条件的高中学校在开展课外美术活动课程时作为参考。

举办高中美术课外学习培训活动，有两点要注意：

·除高考美术培训班之外，其他的美术兴趣班不能办成技能强化班。

·有些美术兴趣班，对学习用具材料要求高，经费开支大，在一定程度上会影响学生选择与参与的积极性，因此举办此类美术兴趣班要把握办班的规模与尺度，不能无计划地增加学校或学生的经济负担。

中小学校学期课外美术教育活动计划

周次	日期	活动内容	活动准备	地点
1		开学		
2		自愿报名和选拔活动小组同学	与班主任协商	
3		举办美术作品欣赏讲座	布置学期活动计划	美术室
4		想象画：“有意义的星期天”	色笔、画具等	美术室
5		创作指导：如何构图	色笔、画具等	美术室
6		创作指导：如何取景	色笔、画具等	美术室
7		主题创作：“快乐的校园”	色笔、画具等	美术室
8		观察、写生、默写	单色笔	校园里

（接上表）

9		组织参观：博物馆或美术馆	速写本(夹)	校门口出发
10		创作指导："我的家乡"	速写工具	校园里
11		看录像："中外青少年美术作品欣赏"	笔记	电教室
12		写生：校内外的风景	色笔、画具等	校门口集合
13		"校园文化活动中心"的设计方案	色笔、画具等	美术室
14		主题创作："欢庆奥运会"	色笔、画具等	美术室
15		学年度美术作品展及美术活动总结	展示作品	美术室
16				
负责人：　年　月　日				

高中美术课外学习活动建议一览表

名称	内容	形式	人数	工具材料	相关提示
美术系列讲座兴趣班	美术知识技巧技法、油画、国画、水彩、水粉、漫画。	大班上课	不限	1. 班级教室 2. 多媒体教室	1. 可以购买DV 2. 可以外聘教师
高考补习班	素描、色彩、速写	小班	选择	图画纸、色彩等相应工具和材料	
书法班	正楷、行书、隶书	大班、小班	不限	毛笔、墨、宣纸、旧报纸等	举办书画作品展
篆刻班	自定	小班	不限	刻刀、石头、宣纸、印油	1. 没有专用石头，可以用萝卜、红薯、土豆等替代品。 2. 举办学生作品展
摄影班 摄像班	自定	大班上课 小班组合	选择	照相机、摄像机、功能好的手机等	1. 举办摄影展。 2. 可以定展览题，如："学校生活一日"、"美丽的家乡"、"我的家"、"我的好朋友"、"快乐的星期天"
电脑绘画班	自定	同上	选择	电脑工作室	举办学生数字美术作品展
手工制作班	1. 贺卡 2. 墙上装饰 3. 折纸 4. 剪纸	分不同的小班	不限	1. 剪刀、颜料、糨糊、小刀 2. 不同材质的工艺制作材料	1. 举办不同内容不同形式的手工制作展览 2. 充分利用不同材质的纸做手工

思考与练习：

1. 开展美术课外活动的目的和意义是什么？
2. 校内外有哪些美术课外活动的形式？
3. 根据当地特点，你校适合开展哪些美术课外活动？
4. 办好小型美术展览应该注意哪些问题？
5. 如何把握美术兴趣发展与其他文化课的关系？
6. 美术课外活动如何与其他学科进行横向联系？
7. 组织美术课外活动的基本要求是什么？

第七课　怎样开展中小学美术教育见习与教育实习

课程名称：怎样开展中小学美术教育见习与教育实习。
授课时数：五至八学时。
教学目标：了解中小学美术教育见习与教育实习的规律和工作程序。
教学重点：教学实习要求和纪律。
教学难点：试讲试教与“微格教学”。
作业要求：详见本课后的“思考与练习”。

第一讲
中小学美术教育见习

美术教育见习和美术教育实习都是高等美术师范学生到中小学进行教育和教学实践的形式。从师范教育的全过程看，教育见习和教育实习都是师范学生在真实的教育环境中的实训，是师范学生向美术教师的转化，是培养合格的中小学美术教师不可缺少的重要环节。通过美术教育见习和美术教育实习，可以使师范学生把美术知识技能综合运用于美术教育和教学实践，可以巩固美术专业知识和深化教育理念，培养和锻炼他们从事美术教育和教学工作的能力。教育见习是教育实习的准备阶段或初期阶段，他们的不同之处在于：前者的工作重点是身临教育实境，进行考察、观摩和学习；而后者的工作中心则是在实践中干、在实训中学。通常教育实习安排在教育见习之后，是高等美术师范高年级或毕业班学生的学习任务。

教育见习是每一位高等美术师范学生必须参与的学习。指的是美术专业师范学生在见习学校的领导、教师的指导下，对见习学校的教学情况、学生管理、思想教育等方面工作进行深入了解，现场学习。通过接触有关教师，进行座谈、参与听课、评课和教学研究，同时也接触学生、全面了解学生；观摩教育活动，感受教学工作，从而获得感性认识和实际体验。教育见习的目的还在于帮助师范学生理论联系实际，开阔眼界，深入理解教育学、心理学、教学法等学科理论，为试讲试教打下基础。

一、美术教育见习的各项工作

教育和教学情况调查要求见习学生下到见习学校后，了解中小学教育、教学改革、美术新课程实施等情况，请指导教师介绍关于教学、班主任工作以及教书育人方面的经验。同时要求见习学生至少找2—5位学生谈话，了解学生的学习状况和思想状况。通过中小学实地考察，观摩教育、教学活动，评教议教等，了解熟悉中小学教育、教学的基本情况，为今后的中小学美术教育实习作好准备。

美术教学工作见习课堂教学方面：见习学生每周至少听6—8节美术课。要求做好听课前的预习，并写出自己的授课设想；要做好每一次听课的详细记录；听课后，见习学生可比照自己的授课设想，请授课教师对本节课作简单讲评，交流听课的心得和体会，并做详细的听课记录。备课与教案编写：这是见习学生要向指导教师请教的重要内容。要结合学校的教学实际，明白做好这两项工作应该注意哪些问题。在美术教师的指导下，结合教学进度和实际要求，试编写1—2个教案；教学评价方面：主要是教学评价活动和作业批改工作，要求见习学生在见习期间协助指导教师组织课内外美术教学、参与教学评价活动、参与批改作业等，借此机会熟悉各个教学环节。经指导教师同意，有条件的学生可以使用自己编写的教案，作美术课教学尝试。

班主任工作见习要求。见习学生在见习期间，深入一个班级见习班主任工作。在原任班主任的指导下，熟悉班主任的常规工作，参加班级学生活动，在实践中学习班主任工作经验；要求见习学生协助班主任组织和参加学生课外文体活动；协助指导教师组织和指导美术课外兴趣小组活动；参加和体验见习学校要求的各种教育教学活动等。

认真总结教育见习工作，做好见习鉴定。要求见习学生认真写好教育见习工作总结，作为见习成绩评定的参考依据；见习学校要对见习生作出鉴定，请见习学校评价见习生在教育见习期间的综合表现，见习学校的评价意见将作为见习成绩评定的重要依据。

二、美术教育见习的工作记录和教育调查

开展教育见习工作，可以根据需要设计各种式样的调查表格，例如：学校管理工作调查记录，教师情况调查记录，教学工作调查记录，班主任工作调查记录，美术课听课记录等（见本课附表），以便做好教育见习的工作记录和教育调查等工作，为后期的分析研究作准备。

三、美术教育见习学生必须遵守的纪律

- 见习生应遵照教育见习计划，积极主动、认真负责地做好各项见习工作。
- 见习生应该遵纪守法，自觉、模范地遵守教育见习纪律和见习学校的各项规章制度，服从见习学校的统一领导。
- 见习生要讲文明礼貌，虚心向见习学校教师学习，尊重见习学校的工作人员。
- 见习生必须按照人民教师的道德标准严格要求自己，树立良好的师德，时时处处为人师表，做到衣着整洁，作风正派，与中小学师生建立正常的师生关系。
- 见习生应遵守考勤制度，因事请假离开见习学校，必须经见习学校指导教师批准。

（附表一） 学校管理工作调查记录

年　　月　　日

学校			调查对象	
校址		邮编	电话	
学校校风：				
政治思想工作情况：				
学校规章制度：				
学校设施建设：				
对教师职业要求：				

（附表二）学校教师情况调查记录

年　　月　　日

项目		人数	
		全校	本专业
教师职工人数	男		
	女		
教师类别	公办教师		
	民办教师		
	代课教师		
教师学历	本科		
	专科		
	中专		
	高中		
	其他		
教师职称	中教高级		
	中教一级		
	中教二级		
	中教三级		
	其他		

项目		人数
年龄结构	56-60	
	46-55	
	36-45	
	26-35	
	25岁以下	
兼课情况	兼一门课	
	兼二门课	
	兼三门课	
	兼班主任	
党团	党员	
	团员	
学校领导	校长、书记：	
	副校长：	
	教导处：	
	政教处：	

注：本专业指见习生所学的专业

（附表三）教育见习时间和内容安排

日　期		星期一	星期二	星期三	星期四	星期五	星期六	星期日
工作内容 时间		月　日	月　日	月　日	月　日	月　日	月　日	月　日
第一节	时　时 至 分　分							
第二节	时　时 至 分　分							
第三节	时　时 至 分　分							
第四节	时　时 至 分　分							
第五节	时　时 至 分　分							
第六节	时　时 至 分　分							
第七节	时　时 至 分　分							
第八节	时　时 至 分　分							

（附表四）教育见习听课记录

授课内容：	上课教师签名：
见习学生听课记录：	
授课时间	年　　月　　日　　（星期　　）

第二讲

中小学美术教育实习

中小学美术教育实习是促使美术师范生在教育思想上、业务能力上得到提高与锻炼，加深对美术教育事业的认识，熟悉美术教育规律的实践和实训活动；通过美术教育实习，师范生尝试着将在美术师范学到的基础理论、基本知识和基本技能，应用于教育和教学实践，为今后从事中小学美术教育教学工作打下良好的基础；同时，教育实习能检验高等师范美术教育的办学思想和教育质量，及时获得反馈信息，促使高等师范美术教育教学工作的不断改进等，这些就是美术教育实习的主要目的。

中小学美术教育实习的主要内容有：美术教学工作实习、班主任工作实习、组织和管理学生等工作实习。实习前要求制订工作计划，其中包括实习目的、实习要求、实习安排、指导教师的配备、实习小组的划分以及组织领导等内容。美术教育实习应在本校教师与实习学校教师协同指导下进行。实习成绩的评定应由双方指导教师按照标准共同商定，并写出美术教育实习评语。美术教育实习不仅是对美术专业师范生的一次重要锻炼，实质上也是对美术师范教育工作质量的一次综合性评价。为使学生在实习中有章可循，高等师范院校应该制定"教育实习守则"。实习守则应包括：实习生守则，教育实习工作的基本要求与规范，班主任实习工作基本要求，实习生总结参考提纲、教案要求、调研报告等内容；为了使美术教育实习有序进行，还应该作出相应的"教育实习计划"，教育实习计划应包括教育实习工作的全部内容和具体安排。

一、美术教育实习的基本要求

通过实习，加强专业思想教育，使师范生在中小学教育和教学的活动中，体验和感受教师的工作和责任，启发和激励从事中小学美术教育工作的志向和兴趣，培养职业道德和巩固专业思想；通过实习，巩固师范生所学的美术文化知识，加深理解中小学美术教育等专业知识和技能，并能综合运用于小学美术教育教学实践；通过实习，深化美术师范生对于中小学美术课程改革和课程标准的认识，培养中小学美术课堂教学能力，并初步学会一般的教育研究方法；通过实习，进一步培养和提高师范生的各项专业基本能力，并使他们在中小学美术教育实践的综合运用中不断地得到进步；通过师范生的实习表现，可以检验高等师范院校的教育工作质量，为高等美术师范教育提供改革依据。

二、美术教育实习的主要任务

（一）美术教学工作的实习任务。美术教育实习必须把课堂教学实习放在十分重要的地位。通过教学实习了解教学的各个环节，使实习生在备课、上课、评课等各方面得到训练。

（二）班主任工作的实习任务。班主任工作实习是教育实习的重要组成部分。主要是使实习生树立正确的教育理念；学习班主任工作的先进经验；了解班主任工作的重要意义；熟悉班主任工作的具体职责；掌握班主任工作的基本内容；学习班主任工作的科学方法；代理班主任完成相应的工作任务：如拟订班主任工作计划，主持班级日常管理、组织主题班会、开展各种文体活动、进行家访、实施集体和个别教育等，培养独立从事班主任工作的能力。

（三）教育调查的实习任务。通过教育调查，促使实习生了解社会、了解国情、了解中小学美术教育实际；要求他们收集整理调查资料、接受教育科研的基础训练，培养分析问题和解决问题的能力。

三、美术教育实习的工作程序

准备阶段包括师德修养的准备和专业基本功的准备。

师德修养的准备：热爱教育事业，热爱学生，是中小学美术教师职业道德的核心。要求未来的中小学美术教师必须重视和加强自身的品德修养，从每一件小事做起，逐步培养自己具有高尚的道德品质和崇高的精神境界。只有这样才能在教育实习和将来的教育工作中，做到为人师表。专业基本功的准备：这是指包括中小学美术教学基本功在内的教师专业基本功，即包括普通话、比较全面的知识与技能、教具与课件的制作与使用、课外活动组织能力等；熟悉中小学美术教育实习计划，通过实习动员会、小组学习讨论会等方式，了解美术教育实习的基本内容和实施细则。

实习阶段按照实习计划开展实习工作。中小学美术课堂教学实习的要求：仔细了解情况；精心设计教学；搞好试讲试教；上好每一节实习课；认真辅导和评改作业；接受指导教师指导等。中小学美术课外活动的组织与辅导要求：仔细了解情况；做好活动组织；认真教学辅导；合理开展评价；展示活动成果。

总结阶段实习总结一般包括阶段总结、专题总结、全面总结和个人总结等，实习生必须按照中小学美术教育实习计划的要求做好实习工作的总结与实习成绩评定。

四、美术教育实习的内容和要求

（一）美术教学工作实习内容与要求

美术教学实习内容：备课、编写教案、试讲试教、上课、组织课堂学习活动、听课、课后辅导、批改作业与讲评、考核与成绩评定、组织美术课外活动、进行教学专题总结等。

美术教学实习要求：实习生应根据本专业特点，尽可能多地进入各个教学领域，实习各种类型的课。每位本科实习生应实习6—8周，课堂教学时数为8—12节（其中新教案不少于4—6节）；每位专科实习生应实习6周以上，课堂教学时数为6—10节（其中新教案不少于3—5节）。

（二）美术教育实习的备课

钻研教材：认真、细致地钻研教材和教学内容，熟悉中小学美术课程标准，钻研教学方法，结合所教学生的具体实际，做到备课深入，针对性强；明确目标：明确本课程的教学目标、重点、难点、关键、各教学环节的时间分配和教学活动情景等；对教具的采用、板书设计、演示程序、提问内容和对象等都要做到周密部署，心中有数；编制教案：教案需写明课题、主要内容、方法、教具、教学过程及时间分配等。实习生编制的教案，需在上课前两天交原任美术教师审批，经签准后才能使用；要求试讲实习生初次上课前，应在指导教师主持下进行试讲，凡试讲不合要求，经帮助后仍不达要求者，则不能上课。

（三）美术教育实习的上课

实习生要根据课程目标、教材和教案要求，结合学生实际认真上好每节实习课；要把规定的教学内容，正确传授给学生。认真贯彻教学原则，在传授美术知识的同时，突出审美教育和素质教育，注意发展学生的综合能力；要充分发挥师生双方积极性，灵活运用教学方法和电教手段，做到讲练结合，防止“满堂灌”、“填鸭式”，努力提高教学质量；必须用普通话讲课，而且语言要清晰、达意；板书要端正、整齐、规范。同一实习小组的实习生必须互相听课，课后及时交换意见，互相切磋，共同提高。美术实习生接受原任美术教师的指导和安排，参加课后的美术教学评议会。

（四）美术教育实习的作业和活动目标

要认真精选课内外作业活动目标，精心设计，分量要适当，难易要适度；及时检查所布置的作业，认真批改，合理评价，并分析研究作业和美术学习表现中的优点和不足，及时作好讲评；教学活动与作业中的疑难问题，要进行研究解答，再请教指导教师。给学生写评语，态度应慎重，评价要合理，否则有可能挫伤学生的学习积极性。

（五）美术教育实习的学习辅导

实习生要深入到学生中去，了解学生情况，给学生释疑解难，指导学生开展美术课外活动，给学有余力的学生适当增加美术学科知识和技能方面的内容。

（六）班主任工作实习

进一步了解班主任在学校工作的地位、作用和重要意义；熟悉班主任的具体职责；学习运用班主任工作的科学方法；为人师表，热爱学生；严格按照实习学校有关班主任工作的要求和条例开展班主任实习工作。做好班级的日常管理，每个实习生至少组织召开一次主题班会，有选择地对1—3个学生进行较深入具体的了解和研究，做好1—2个较差学生的工作，使之有较显著的进步，进行家庭访问。

（七）教育调查学习

教育调查的内容丰富广泛，主要有：调查了解中小学校的教育的历史、现状及贯彻执行党的教育方针政策的情况；调查了解优秀教师、班主任等的先进经验与事迹；调查了解中小学校的教育教学改革情况，特别是推行素质教育以来的变化；调查中小学美术的教学目标、内容、方法，特别是课程标准实施、新教材应用等方面的教改经验；调查了解中小学生的身心特点、思想品德、学习、生活等方面及其教育情况等。调查报告的内容要求真实、具体，分析有条有理，文字简明流畅。

五、美术教育实习成绩考核评定办法

教育实习成绩，按教学工作实习及班主任工作实习，分别采用百分制给予评定。评定实习成绩可参照以下的具体标准：

教育调查成绩考核评定标准

项目	评分标准
选题意义（满分10分）	切合实际，有针对性和现实意义（10分）
掌握材料（满分10分）	全面、客观、真实、具体（10分）
结构、表述（满分20分）	结构严谨，文字准确流畅（20分）
论述、分析（满分20分）	观点明，论据足，分析透（20分）
结论、建议（满分20分）	结论正确，建议切实可行（20分）
调查能力（满分20分）	观察判断力强，工作深入（20分）

教学工作实习成绩评定标准等级标准

项目 \ 标准 \ 等级		10分
课前准备	准备教案	认真准备，独立制作，资料完备，按时完成，符合要求
	试讲试教	熟悉课程、教材与教学方法，把握教学规律，符合教学要求
课堂教学	课堂讲授	目的明确、重点突出，难点抓得准，体现课程标准要求
	教学方法	启发性强，教学方法运用得当，充分调动学生的积极性
	语言、板书	普通话标准，语言生动、流畅，板书工整、美观、有计划
	教学组织	课堂活跃而有秩序，教学应变能力较强
课后活动	教学效果	达到教学目的，教学内容能当堂消化巩固，效果好
	课外辅导	积极主动开展课外活动，效果良好
	批改作业	认真仔细，评讲正确
	听课、评课	认真，评点深刻全面，符合教学规律

中小学美术教育实习工作内容一览表

项目 \ 内容		相关提示
课堂教学	备课：1.收集美术图片、资料　2.熟习教材	
	编写教案：1.设计制作课件　2.绘制范画	
	课前试讲试教说课讲评	
	上课	
	听课与评讲	
	批改作业与讲评	
	课外辅导	
课外活动	举办短期绘画、书法兴趣班	
	进行黑板报设计培训	
	举办不同内容不同形式的学生画展	
	协助开展美化校园的工作	
	协助校本教材的整理与发掘工作	
班主任工作	了解学生情况	
	了解日常班务工作	
	举办主题班会	
	有选择地找学生交流	
	协助班级的板报宣传工作	
教育调查	美术课程改革情况	
	校园文化宣传	
	美术高考与培训	
	不同年级学生学习美术的情况	
	美术设施的硬件调查	

（接上表）

项目 \ 内容		相关提示
实习总结	教育思想认识	
	教学工作	
	专业知识反馈	
	班主任工作	
	课外美术活动	
实习汇报	安排典型个人或班组代表发言，组织非实习年级或班级学生旁听。	

六、美术教育实习学生必须遵守的纪律

因为美术教育实习与见习的工作性质基本相似，所以他们的纪律基本相同。

· 实习生必须遵纪守法，应自觉模范地遵守教育实习纪律和实习学校的各种规章制度，服从实习学校的统一领导。

· 实习生应遵照教育实习计划，积极、主动、认真负责地做好各项实习工作。

· 实习生要讲文明礼貌，虚心接受指导教师、原任教师、原班主任的指导，尊重实习学校的工作人员。

· 实习生必须按照人民教师的道德标准严格要求自己，树立良好的师德，时时处处为人师表，做到衣着朴素，作风正派，与中小学师生建立正常的师生关系。

· 实习生之间，应发扬团结互助精神，开展批评与自我批评，互相帮助，互相学习，共同提高。

· 实习生应遵守考勤制度，因事请假离开实习学校，须经指导教师或实习学校领导批准。

七、微格教学与美术教育实习培训

什么是微格教学：微格教学是一种利用现代化教学技术手段来培训教师的实用性较强的教学方法。微格教学的英文为 Microteaching，可译为“微型教学”、“微观教学”、“小型教学”、“录像反馈教学”等，目前国内用得较多的是“微格教学”。通常，让参加培训的美术教育实习学生分成若干小组，在教师的理论指导下，对一小组学生进行十分钟左右的“微格教学”，并当场将实况摄录下来。然后在指导教师引导下，组织小组成员一起反复观看录制成的视听材料，同时进行讨论评议，最后由指导教师进行小结。这样依次让所有美术教育实习生轮流进行多次教学演习，使他们的教学技能、技巧有所提高，从而也提高了实习教师的整体素质。这种方法可以用来培训在校美术教师，让他们从一个新的视角观察自己、审视自己的教学，进而找到不足。微格教学对提升教学能力大有帮助，是教育实习工作中训练美术师范学生，让他们学会中小学美术课堂教学的一种常用的培训方式。

微格教学的基本特点：微格教学将复杂的教学过程作了科学细分，并应用现代化的视听技术，对细分了的教学技能逐项进行训练，帮助师范生和在职教师掌握有关的教学技能，提高他们的教育、教学能力。在微格教学过程中，强调技能的分析示范、实践反馈、客观评价等环节。归纳微格教学的培训过程，有如下特点：

技能逐项分解。传统的教师培训方法，通常用听整节课的方法进行。然而，在教育改革

中，国外的一些教育家从运动员的摄像培训方式中得到启示，通过影像等技术手段，将复杂的教学过程细分为容易掌握的单项技能，如导入技能、讲解技能、提问技能、强化技能、演示技能、组织技能、结束技能等，使每一项技能都成为可描述、可观察、可培训，并能逐项进行分析研究和训练的状态。因为，集中对某一项技能深入、细致地研究训练，容易达到掌握和提高的目的。

培训目标明确。微格教学中的课堂教学技能以单一的形式逐一出现，使培训目标很明确，容易控制。课堂教学过程是各项教学技能的综合运用，只有对每项细分的技能都反复培训、熟练掌握，才能形成完美的综合艺术。微格教学培训系统是一个受控制的实践系统，要重视每一项教学技术的分析研究，使培训者在受控制的条件下朝明确的目标发展，最终提高综合课堂教学能力。

反馈及时全面。传统的教学反馈是靠听课者在课堂上仔细观察和做笔记，课后将情况反馈给执教者，反馈的信息较单一也容易失真。而微格教学利用了现代视听设备作为记录手段，真实而准确地记录了教学的全过程。这样，课后执教者所接收到的反馈信息有来自于导师的，也有来自于听课的同伴的，更为重要的是来自于自己的教学信息，由于执教者能全面观看到本人上课的全过程，因此说微格教学训练的反馈是及时而全面的。

角色转换多元。传统的美术教师培训模式往往是采用理论灌输或师徒传带的方式。在教育学、心理学和教学法课程中通常是理论、原则较多，美术师范学生只是被动地听讲，单一地扮演着学习者的角色，对一些原则理论往往不易理解，学习的积极性很难调动。在师徒传带式的听课和评课活动中，学习者要在模仿中去领会一些教学技能，或在课后的评议中接受一些教学方式的指导。这样，理论和实践就容易脱节。微格教学冲破了这种传统的美术教师培训模式，运用了现代化的摄影技术，对于课堂教学技能研究既有理论指导，又有观察、示范、实践、反馈、评议等内容。进行理论教学时，指导教师展示的不仅仅是理论，而且有示范录像。而学员所接收到的信息，既有教学技能方面的理论分析，又有可观察到的形象化的录像示范。这时师范学生要听、要看，还要进行比较分析，为了接受多种信息，调动了视听等多种感官。在组织观摩评议时，学习者的角色又转化为评议者，要用学到的理论去分析、评议教学实践，同时，不仅要评议同伴的教学实践，还要进行自我评议。

在微格教学中，每个美术师范学生都不断地转换角色，不断地进行从理论到实践的深入探索，从学习者到执教者，再转为评议者，这种培训方式，既体现了教学方法、教学模式的改进，又体现了新形势下教育观念的更新。美术教育实习和美术教师培训应该创造条件，充分利用微格教学。

思考与练习：

1. 中小学美术教育见习应该做哪些方面工作？
2. 中小学美术教育实习包括哪些方面内容？
3. 请设计一份中小学美术教育见习或美术教育实习计划。
4. 美术教育实习成绩考核应从哪几方面展开？
5. 根据美术教育实习要求审视自己，本人在素质方面有哪些差距？
6. 简述什么是微格教学？
7. 你认为微格教学有哪些基本特点？

第八课　怎样撰写中小学美术教案等教学文案

课程名称： 怎样撰写中小学美术教案等教学文案。

授课时数： 六至九学时。

教学目标： 掌握教案等教学文案的写作，满足教学要求与熟悉科研工作程序。

教学重点： 掌握教案等教学文案的写作方法。

教学难点： 满足教学要求与熟悉科研工作程序。

作业要求： 详见本课后的“思考与练习”。

第一讲
撰写中小学美术教案与相关文案

撰写美术教案以及美术教学计划、总结、鉴定、评语等是中小学美术教师的经常性工作;而开展中小学美术教育研究，撰写美术教学科研论文等也是中小学美术教师应该承担的工作任务。可见，文案能力是每一位中小学美术教师的一项基本的工作能力，因为时代对中小学美术教师提出了既能教学又能科研、具有综合能力和素质的要求。科研素质和文案撰写能力的增强会有力地促进美术教学能力的发展。而我们必须清楚地看到，目前在中小学中有不少美术教师仍缺失这种基本能力。

一、中小学美术教案的撰写

编写教案是中小学美术教学备课的重要内容，通常指课时教学计划，其中我们将板书设计、范画制作等也归属为教案的范畴。教案其实就是教学工作计划的一种，是美术教师使用最多的一种文案，因此，为便于学习，特作专题叙述。

(一)教案编写的意义

教案，又称备课计划，是教师实施教学活动的具体方案，也是教师上好每一堂课的基本保证。美术教师备课的最后一个环节就是编写教案，它是教学活动的具体记录。编写教案的意义在于:让教师把备课中所考虑的各种教学活动设想都明确地体现在教案的图文之中。使教师的备课更加系统、准确、深刻。备课的过程其实就是深化教师的教学思想的过程，同时，写好的教案又可以成为教师教学的备忘录和进一步改进教学的依据。

(二)教案的格式

根据美术教学实际需要，可以设计两种格式的教学计划表。其一，阶段性教学进度计划表，可供单元、学期、学年甚至更长学习时段使用;其二，课时计划表，可供课题、专题等使用。

（表一）中小学美术教学进度计划

学校：　　　　　　　　　　　计划责任人：　　　　　　时间：　　年　　月　　日

班级			学生人数	
教材			计划执行人	
教学目标与内容				
周次	课题　要求	目标　方法	用具　材料	作业及其他
1				
2				
3				
4				
5				

此表简明地反映中小学美术教学总体要求，计划学校美术教学的具体教学和进度，按周次将各个课题、各个教学单元的教学作时间上、教学方法和教学手段上的具体安排。

（表二）中小学美术课时计划（教案）

班级		授课日期	
课题		教科书	
教材分析			
教学目标			
教学时间		课题情境（物质设备）	
课业类别（学习领域）			教法提示
重点、难点			
教学方法			
教学过程 组织教学 导入新课 展开情境 活动作业			
教学小结			
板书设计			
效果预测			
教学后记			

填表日期：　　　　　　　教师：

以上是教案编写的一般格式与规范，对于美术教师备课有指导意义。但是，这种“格式”主要是指教案的内容或对内容的规范，而教案的形式则可以是多种多样的，而且因人而异。关于上述教案格式的说明：

班　级：授课对象。

课　题：课业的题目。

教科书：课本的册、页，应注明其版本和出版社。

授课日期：上课的时间，须注明年、月、日。

教材分析：确定本课题为实现这一单元乃至这一学期教学所应达到的教学要求；确定本课时的教学内容提要，即教学要点；确定本课时的调控预案，既周密计划、合理安排，又有多种应变措施，以确保教学任务的顺利完成。

教学目标：根据美术课程标准精神、教材内容与学生实际来确定。它包括在美术教学的总体目标、活动领域目标指向下的具体课程目标及教学指标体系。

教学时间：具体课时安排，一个课时或连续几课时。

课题情境、物质准备：满足课题教学所规定的情境、物质条件、活动方式、准备要求，以及标明教与学中需要运用的材料、教具与学具等，其中要分别列出教师与学生的不同要求。

课　型：课的类型。按教学内容的构成可分为单一型（即一堂课只完成一种教学任务）和综合型（即一堂课中完成几个教学任务）；按教学任务和方法的不同可分为新授课、复习课、练习课、活动课、制作课、游戏课、实验课、测验课等；按美术课业的类别可分为欣赏课、绘画课、工艺课；按教学方式可分为临摹课、写生课、创作课、讲授课或练习课等，要求注明课业所涉及的学习领域。

学习领域：以美术学习活动方式所划分的学习领域分别是：造型・表现；设计・应用；欣赏・评述；综合・探索，它们直接提示了学习目标。

难点重点：教学过程中，难点是指对一般学生来说比较艰深的，需要经过一定的意志努力才能掌握的知识和技能；教学重点是指对学生比较重要的主要的知识与技能。要求准确鲜明、提纲挈领、分别列出。

教学方法：既包括教师教的方法，也包括学生学的方法，应该标明整个教学过程中主要使用哪些教学方法。常用的教学方法有：讲授法、谈话法、参观法、演示法、练习法、欣赏法以及快乐教学法、情境教学法等。

教学过程：也叫教学程序，是教案的主体部分，要求按教学顺序列出各种教学步骤。例如，组织教学、导入新课、创设情境、演示方法、活动展开、安排作业、教学辅导、教学小结、教学后记等。以上各项都要求写出具体的内容与所运用的方式方法，可附上相应的简明图例和教法提示等。

板书设计：在教学活动中，为在黑板上获得最佳文与图展示效果而作的构成设计。

教学效果预测：根据备课要求，对可能达到的教学效果作出预测，表述目标追求。

教学后记：指课后各种经验的总结、体会与心得。作为教学的自我评价与反思，可以是每节课后及时进行，也可以作单元的反思与评析。

就编写形式而言，教案可分为简明教案和详细教案两种。简明教案，是用大概的步骤、简略的图文说明的教学实施方案。详细教案则是详细写明的教学实施方案，具体包括上述格式中所介绍的详细内容，有适用图文、符号、标志、颜色等因素。另外，中小学美术教学还可以用新的媒材和形式如影音资料、电子文件等来表述教学实施方案。

（三）教案的编写要求

规范完整：编写教案要符合标准精神，切合教材实际，适合学生需要，方便教学调整，不主观随意，胡编乱造；明确具体：编写教案要内容充实，主次分明，重点突出，难点分散，疑点明了，既明确又具体；适用灵活：编写教案要注重合理，讲究实效，安排周密，修改方便，不故步自封，不墨守成规，探索不断调整改进的可能性；求新求变：编写教案要适应素质教育要求，要反映基础课程改革精神和新的美术课程理念，要有利于创造新的教学面貌。同时，教案的理念、作用和构成方式随着信息时代的变化而变化，将可能出现新的表现样式和内容要求，要引起我们的重视。

（四）板书设计

板书设计是美术教案中不可缺少的内容，实际包含板书、板画两方面内容，这是由美术教学的特殊性所决定的。因此，中小学美术教案中的板书设计，严格地说应该叫板书、板画设计。美术教学的板书与其他学科板书的作用基本相同。然而，由于美术教学的特殊要求，因而板书更简略、更形象、更美观，对板书的字体、位置、样式、组合都要讲究；要求写好粉笔字，不许有错字、别字、潦草字，注重版面构成的形式美感，追求视觉传达的艺术效果，这也是高等师范美术专业学生应该努力做到的。

板画是美术教学的特殊要求，在中小学美术教学中，板画可以发挥以下一些作用：

有助于提高学生的观察力：板画具有示范性、直观性、技巧性等特点，为学生的观察、认识、交流、讨论和表现等行为提供一定帮助；有助于学生集中注意力：精美的板画会吸引学生的注意，令他们欣赏、赞叹，使他们兴趣顿生，全神贯注，从而产生好的教学效果；有助于提高学生的感受能力和想象能力：想象是创作新形象的心理过程，通过板画能丰富学生的美术经验积累，使他们对美术语言、技法技能、形式风格、作品内涵等有一个最直接的体验；有助于提高学生的形象思维能力：板画以美术形象为纽带，使学生展开思考、分析、判断与探索，从而提高了学生的整体的思维水平，其中包括学生的形象思维能力；有助于提高学生的实际绘画水平与能力：美术教学的特征之一就是技巧性，教师演示的步骤、范画、图例，成为学生掌握教学内容的“样板”，为学生学会学习，完成作业提供了有利条件；有助于提高学生的学习能力：板画是教学意图的直接体现，在设计时就应该考虑到展示效果，要求重点突出、难点明确、步骤清楚、主次分明，上课时，教师应根据教学设计，边讲解、边演示、边绘画，引导学生积极地对照、分析、讨论、鉴别、领会，从而强化教学效果，使学生获得自主学习的能力。

板书的样式是由教学内容来决定的，没有统一固定的样式。一般可分为系统板书和辅助板书。系统板书的形式大致有表格式、提纲式、图解式、归纳式、词语式、对照式等；辅助板书则是根据教学的临时需要写在黑板侧旁的有计划的简短表述。中小学美术教学的板书设计同样也不会有固定的、一成不变的样式，是直接为教学内容，为教学服务的，因而需要美术教师本着主题突出、效果鲜明、形式优美、便于教学的原则去创造、去发展。但是，一般说来，优秀的板书板画，无论其形式如何，都必须符合目的明确、内容精要、清晰醒目、布局合理、工整美观、制作精良的设计要求。

板画是教师围绕教学主题而精心准备的，展现在黑板上、屏幕上或其他媒介上的，在教学活动氛围中让师生共同欣赏、交流、学习形式多种多样的美术作品。展现的方式可以是直接画、张贴、悬挂或映播等，完全可以根据教学需要而变化。板画应该是教师精心的制作，采用教师的作品、学生的作品以及围绕教学主题而选用的相关美术作品等。其中师生的作品最能吸引学生注意和最能激发学生学习热情，因为它和教学的需要，学生自己的体验感受最贴近。

二、中小学美术教学计划的撰写

教学工作计划是学校教育活动中使用范围很广的重要文案。教学计划类文案包括：计划、规划、方案、要点、安排等，其实中小学美术教案也应该归属于教学计划类文案。中小学美术教师的各种教学任务都要预先作出安排和打算，都要撰写相应的“工作计划”文案。工作计划实际上有许多不同种类，它们不仅有时间长短之分，而且有范围大小之别。从计划的具体分类来讲，比较长远、宏大的为“规划”，比较切近、具体的为“安排”，比较繁杂、全面的为“方案”，比较简明、概括的为“要点”，比较深入、细致的为“计划”，比较粗略、雏形的为“设想”，它们都属于教学计划文案的范畴。尽管分类不同，但各种计划文案都是在安排教学工作应该“做什么”、“怎么做”以及“做到怎样的程度”。各种教学工作计划特征和写作特点：

教学规划：规划是计划中最宏大的一种，从时间上说，一般可包容数个学期、几个学年度等；从范围上说，大都是全局性工作或涉及面较广的重要工作项目；从内容和写法上说，往往是粗线条的，比较概括的，如《××学校发展审美教育、推进素质教育的年度规划》、《××学校加强课外美术活动、建立社区美术活动中心的规划》等。规划是为了对全局或长远工作作出统筹部署，以便明确方向，激发干劲，鼓舞斗志；相对其他计划类公文而言，规划带有方向性、战略性、指导性，因而其内容往往要更具有严肃性、科学性和可行性。这就要求撰写者必须首先进行深入的调查和周密的测算，在掌握大量可靠资料的基础上，根据基础教育改革方向、审美教育要求、美术课程标准的精神等确定发展远景和总体目标，然后充分吸收有关意见，以科学的态度，经过多种方案的反复比较、研究和选择，确定各项指标和措施。

美术教育教学规划的具体写法：因为规划具有严肃性，所以一般都是通过“指示性通知”来转发的，其格式都是由“标题”和“正文”两部分组成，一般不必再落款，也不用写成文时间。规划的标题有“四要素”结构：单位名称＋时间期限＋内容范围＋“规划”二字。如《××学校“迎奥”期间美育工作规划》。规划的正文一般都比较长，大致有以下几方面内容：前言，即有关的背景材料，也就是制订规划的起因和缘由。这是制订规划的依据，因此不能简单地罗列事实，而应把诸多有关情况进行认真的综合、分析，找出其有利因素和不利因素，这样才会使规划目标言之有据，有可靠性。指导方针和目标要求：这是规划的纲领和原则，是在前言的基础上提出的，因此既要写得鼓舞人心，又要写得坚定有力，要用精练的语言，概要地阐述出来。主要任务和措施：这是规划的主体和核心，是解决“做什么”和“怎样做”的问题，因此任务要提得明确，措施要提得概括有力。这部分通常有两种结构：其一，对于全面规划或任务项目较多的规划，因其各项任务比较独立，没有多少共同的完成措施，一般采用以任务为主线的“并列式结构”，措施都在各自的任务之后分别提出；其二，对于专题规划或任务较单一的规划，因其任务项目较少而其项目之间的联系又较大，一般采用任务与措施分别述说的“分列式结构”。结尾：是远景展望和号召，这部分要写得简短、有力、富有号召力。

教学设想：设想是计划中最粗略的一种，通常是初步的或不太成熟的想法，一般采用概括、勾勒式写法。一般说来，时间长远些的称“设想”；范围较广泛的称为“构想”；时间不太长、范围也不太大的则称为“思路”或“打算”。设想是一些初步想法，在严肃性、科学性和可行性方面的要求相对低一些，因为它是为正式的规划或计划作准备，所以不必要也没有时间考虑得太周密，只要基本成形就可以，且在提出任务或目标时，往往还有一些简短的论述语句。设想与规划一样，在内容的写法上都是比较原则和概括，不可能也没有必要写得太细、太具体。设想的具体写法：因为设想具有超前性，所以其写作要求并不十分严格，其格式也可以不一样，如果是写给领导或报送上级的设想，就要严肃一些，及时报送，要落款，要写明行文时间。设想的标题可以是“四要素”，也可以是“三要素”，或省略单位名称，或省略时间期限，还可以是“两要素”，即省略单位名称和时间期限，如《关于学校美术教学改革的初步设想》。设想的正文一般有两种写法：第一种是目标、要求、成效等项目并列式写法，适用于时间较长远的“设想”或工作计划的最初构思或打算；第二种是按规划、计划、方案或安排的格式，只是内容粗略一些，适用于预备性计划，即只是征求意见的“构想”、“思路”或“打算”。

教学计划：美术教学计划是教学工作计划中的一种。在美术教案一节中已经作了一些介绍，其特点表现在：时间和范围一般可指课时、单元、学期、学年甚至是学段的美术教学工作，其内容与写法要比规划具体和深入，要比教学设想细致和正规，要比教学方案简明和集中，要比教学安排开阔和概要。教学计划的具体写法：除计划的标题和正文外，往往还要标明制定时间。因为计划是对教学工作的具体要求，所以正文要比规划和设想写得详细与具体。正文一般包括以下几方面内容：（1）开头，或阐述依据，或概述情况，或直述目的，要写得简明扼要。（2）主体，即计划的核心内容，阐述“做什么”、“做到什么程度”、“怎样做”等要求，包括教学目标、教学任务、教学要求、教学措施和办法等内容。既要写得全面周到，又要写得有条不紊，具体明白。（3）结尾，或突出重点，或强调有关事项，或提出简短号召，当然也可不写结尾。

三、中小学美术教学总结的撰写

教学工作总结是把某一教学时段已经做过的工作，进行检查和评价，进行一次具体的分析和研究，看看取得了哪些成绩，存在哪些缺点和不足，发挥优点，克服缺点，以利于以后的美术教学工作。

美术教学工作总结应包括的基本内容：

教学情况概述：这部分内容主要是对美术教学工作的主客观条件、有利和不利因素以及工作的环境和基础等进行分析。成绩和缺点：这是美术教学工作总结的中心内容。总结的目的就是要肯定成绩，找出缺点。应该讲清楚教学成绩有哪些，有多大，表现在哪些方面，是怎样取得的；缺点有多少，表现在哪些方面，是什么性质的，怎样产生的等。经验和教训：在开展美术教学、组织课内外美术教学活动的过程中，总会有经验和教训。为便于今后的工作，必须对以往教学工作的经验和教训进行分析、研究、概括、集中，并上升到理论的高度来认识。美术教学打算：根据今后的工作任务和要求，吸取上一段美术教学工作的经验和教训，明确努力方向，提出改进措施等。

撰写美术教学工作总结应该注意的问题：

材料充分：应该听取学生、同事、领导等各方面的意见，认真回顾上一段美术教学工作；美术教学工作总结要实事求是，成绩不夸大，缺点不缩小，更不能弄虚作假。条理清楚：若条理不清楚，使人看了不知其所以然，就达不到教学工作总结的目的。详略适宜：总结所阐述的问题要有主次、详略之分，要详略得当，充分占有材料后要剪裁得体。

美术教学工作总结的一般写法：美术教学总结通常可分为三个部分，即标题、正文、日期。

正文是教学工作总结的主要部分。标题通常标明总结的单位、总结的时间、概括的内容。也可分正副标题。总结的结尾要写明日期。教学总结正文一般由四个部分组成：情况概述，成绩和经验，存在的问题和教训，今后努力方向。正文是教学总结的主要部分，所以一定要写好。

美术教学工作总结主要有两种写法：

全面美术教学工作总结的写法：标题要写明单位名称、总结时限、总结的类别；正文要写清所开展的教学活动，教学成绩有哪些，问题有哪些，经验和体会，今后打算或建议；文后要有总结时间和总结教师的签名。专题美术教学工作总结的写法：这是针对某一项具体的美术教学活动所做的总结，一般包括美术教学活动标题、活动目的、时间安排、基本情况、成绩与问题、经验与体会等方面内容。一般而言，美术教学工作总结写好后，必须抄好一式两份，一份上交，一份用以指导自己今后美术教学的工作。

第二讲
撰写美术教育科研论文

美术教育科学研究包括美术教育理念拟定、美术教学实践的总结、美术教学实验与分析等，通过研究形成有价值的成果而反作用于美术教育与教学。通常意义上的美术教育研究一般分为科研课题与撰写论文两个部分。

一、展开教育科研课题研究

课题研究是指通过论证、实施规划，收集、分析数据并得出结论的研究。中小学美术教育是一个由多种因素构成的复杂系统，而且随着教育的深入发展，研究处于一种动态变化的过程当中，因此，在课题研究中研究者要善于发现问题，并运用恰当具体的方法去解决问题，从而促进教育教学改革，完善教育系统，提高美术教学质量。

课题研究者的素养：

理论水平：研究者必须具备相应的学术素养，这是美术教育研究者的第一素质要求。理论研究不仅是发现美术教育教学中的问题，它还要求研究者用自己掌握的美术教育理论知识去分析和解决问题。而这种努力必须建立在科学性之上，必须与教育实践紧密结合。现代教育要求研究者在理论上不断地进取和不断提升理论素养，同时还应吸收美术教育新观念，关注文化艺术新潮流，把握世界学术新动态，拓展理论知识新视野。实践能力：研究者应具备美术教学实践经验，因为美术教育理论的研究离不开教学实践的支撑，关注的理论问题基本体现在教学实践之中，影响教学实践。美术教学的改革与研究，目的就是为了解决教学实践中的具体问题，脱离美术教学实践的研究课程是没有实用价值的。

课题研究的方法：

美术教育课题研究方法一般有实验、观察、调查与文献分析等方法。课题观察：是对研究对象，进行有目的、有计划的考察，从而获取经验的方法。观察者凭借自己的感官或仪器展开观察，要求作好详尽的观察记录，然后针对记录的数据进行定量、定性分析，从而获得研究结论。课题实验：是在设定的条件下，细致观察研究对象发生发展的全过程，进行归类分析与比较，透过研究对象的变化，发现其因果关系，最后得出结论。实验法要求研究者必须设计好实验的每个环节，作好实验计划、实验准备、实验过程和处理好实验结果等，然后写出实验分析报告。课题调查：是展开调查研究以获取资料的方法。实施时应注意：其一，选择调查对象要注意其全面性和代表性，要有适度的数量，要便于沟通与合作，以便能从多角度搜集资料，能代表总体情况，能有效地发现调查对象的全貌。其二，恰当选择调查方法。调查方法一般有三种，即访谈法、问卷法与列表法，要针对问题的性质与对象合理运用。文献分析：是指查找和阅读教学文献，占有和分析资料，发现和解决课程研究中的问题。

课题立项与申报：

课题申报立项是获取上级支持和各类资助的最好办法。在美术教育理论研究中，研究课题成功的申报立项，既表明课题的意义和计划被认同，同时也为未来的研究成果推广作了铺垫。课题申报应该注意：

选题合理：其是否合理主要取决于所提出的问题是否有价值；是否具体而清晰；是否可行，能抓住解决问题的关键；是否新颖、并有独创性。论证背景：要注意分析国内外研究现状，关注学术前沿及与课题的内在联系，要超越别人和现有的研究成果。背景论证要逻辑严密，提出问题、分析问题、得出结论等都要有理有据，有较强的说服力。设计目标：研究目标的设计要合理、有效。研究者要有明确的研究目标，在课题论证中，要努力使研究内容、方法与手段服从于既定的研究目标，要紧密围绕既定目标有序展开。表述完整：研究内容要具体实在，表述要清晰，要注意研究内容的完整性；研究方法要力求科学、可行并具有针对性，要针对具体问题选择合适可行的研究方法。申报内容：美术教育科研课题立项申报是一项重要的实质性的工作，是获得科研课题认同的重要途径。申报报告通常有如下内容：课题名称；本课题研究现状及趋势，研究本课题的实际意义和理论意义；本课题的基本内容，预计突破哪些难题；本课题的研究思路和方法、研究工作方案，包括已进行的研究工作情况和进度计划、中期成果；研究工作的资料准备情况；调研计划，包括调研的内容与周期，调研报告的报送部门、调研完成和报送的时间等。

二、美术教育学术论文的撰写

论文撰写包括选择论题、搜集资料、确定论点、论证方法以及撰写论文等部分，分述如下：

（一）选择论题的要求

选题是指在学术研究之前设定的研究的对象和目标。选题不等于选定文章的标题，强调的是研究对象与目标的范围，不一定指具体的论题。科研选题反映的是研究者对这一问题认识与理解的程度。发现问题是任何研究的起点，只有在发现问题的基础上，才可能开发研究的意义与价值。如果没有发现或新的见解，就不能构成真正的选题。为此，科研选题应该满足适宜、创新与价值等要求：

适宜要求：选择课题时要考虑自身的条件，尽可能选择专业对应、能力所及、大小适中的课题；还要考虑自己的兴趣，因为兴趣是研究的动力；同时还应考虑资料、时间、经费等诸多因素。总之，选题时定要避免盲目和冲动，兼顾各种主客观条件，考虑课题的适宜度。

创新要求：学术论文选题的创新应该侧重于两个方面，一是提出新观点、新问题，二是展开同一问题的不同角度或不同方法的研究，以获得创新的效果。不同的研究方法和角度，实际上是不同认识或不同理论的具体运用。

价值要求：选题价值可因创新要求的实现而得以实现，显示课题价值是确定选题的一种基本途径。在选择课题时，选择那些急待解决的课题、富有开创性或填补空白的课题、存有争鸣的或前人研究不足的课题等，课题本身可显现价值的要求。

（二）材料的搜集与处理

撰写论文要充分占有材料，否则无法提炼论点，满足论证的要求。因此，在正式撰写之前，应该尽可能多地查找、搜集与选题相关的各类材料，并进行筛选、分类、比较、鉴别与处理。

搜集材料直接关系到论文写作的成效与价值，是一项劳动量大、细致而艰辛的工作，为此，必须认真对待。搜集材料工作大体应包括：对本选题研究现状的检索，包括出版过哪些专著，发表过哪些论文；对本研究课题原始材料的搜集；与本选题相关理论文献的搜集；本选题所在学科领域研究成果材料的搜集等。对本学科领域研究成果的了解，可以避免研究的重复与盲目，促进我们进一步地思考，拓展问题认识的深度和广度，形成属于自己的独到见解。

类别与层次在搜集材料的基础上，还应将材料进一步划分为不同类别与不同层次。一般可将用于研究的材料划分为两类：一是通过检索而获得的文献与图像资料；二是通过调查、观察、实验等方式而获得的实证性数据材料。还可以根据材料与论题接近的程度而分为三种层次：一是信息性材料；二是实质性材料；三是辅佐性材料。在课题研究中，它们发挥各自的作用，共同为课题论证服务。

研读与记录在阅读与思考的基础上，将材料记录分类，使这些材料能有效地落实到选题的论证过程中。材料的处理可分为：其一是研读思考材料。研读是指带有思考的认真阅读，研读材料分一般浏览与精读细审两种方式，分别用于材料的主次与轻重环节。研读的过程既是思考参与的过程，也是使思考趋于成熟，为形成各种论点打下基础的过程。其二是分类记录材料。依据材料的内容和性质进行组合分类，经过研读与思考，对材料进行分类、归纳、演绎以促成观点的产生。

整理与运用。所谓整理是把材料进一步归纳，重新筛选，深入探究材料的内在价值与相互联系，使之变得更为有序和系统，方便论证时调用。材料运用应该真实、典型、新颖和恰当，整理和运用应根据论文写作的需要，或检查核实，或欠缺补充，或概括归纳等都应以此为前提。

（三）论点的确立与提炼

论点确立应该从逻辑、渠道、提炼等方面来思考：

确立论点的逻辑。论点的确立是学术论文写作最困难的一步。根据选题搜集了大量材料后，如何思考就成为论点形成的关键。学术论文的写作是一种科学研究行为，在思考过程中，就应该运用逻辑思维的方式，这种方式表现为归纳与演绎、分析与综合、具体与抽象等，依此对材料进行分析与综合、抽象与具体，最后得出合理的观点。

确立论点的渠道。论点确立的渠道不会超越上面论及的逻辑思考方式，经历由朦胧到清晰、由散乱到有序、由感性到理性、由一般到深刻的过程。常见的论点确立途径有：由认识而确立论点。占有大量材料之后，通过分类与统计，形成对事物新的认识，而导致论点的确立。由设疑而确立论点。在接触材料的过程中，会经常出现一些矛盾观念或疑虑的认识，而论点的确立往往正是通过对这些矛盾与疑虑的解答来实现的。

学术论点的提炼。学术论点确立后，还应用文字落实和表达在论文之中。于是提炼和推敲论点，准确而清晰地表述论点，就成为论文写作的重要任务。在研究中，通常我们所确立的论点开始只是一种模糊的论点，而随着认识的深入逐渐清晰起来。因此，论点的提炼关系到对研究对象的认识程度，而且，我们应该以中心论点统筹全篇，围绕中心论点而展开许多分论点。一篇逻辑关系强、观点明确的好文章，通常都是以中心论点来统筹全篇分支论点的。

（四）论证方法的选择与运用

学术论证为论文撰写过程中最为关键的一环，论文的价值由此显现。所谓论证，就是用论据来证明论点或反驳谬论的推理形式和思维过程。学术论文追求科学的逻辑力量，论文写作要求掌握学术论证的逻辑方法。

学术论证的基本规则：论题要清晰明了。论题是论证展开的前提，如果论题不清，连论证什么都不知道，论证必然难获成功。论据要充分、不可用孤证。论据是论题得以成立的前提，如果论据是虚假的或只是孤证，就很难从论据中推导出真实可靠的结论来。在论证过程中，不可轻率概括或以偏概全。不能“循环论证”。论据为论点服务，论据的真实导致论点的可信。如果论据是否真实要反过来依据论点来论证，就犯了“循环论证”的毛病。论据与论题相对应。论据为论题服务，它必须与论题相对应，否则便不能作为说明论题的论据。

学术论证的基本要求：内涵外延要一致。要确保论证与论题的内涵外延相一致。任何一个论题都有其内涵与外延，在论证过程中，一要使论题的外延获得确定，二要使论题的内涵被揭示出来。但在实际运用中经常违背这一要求，结果造成论证与论题不相一致的弊病。避免论证过程中的“节外生枝”。学术论证一环套一环，有着严密的逻辑性，任何产生歧义的推论，都会导致结论的错误。论证过程要真实。要确保整个论证过程的真实性。在论文论证过程中的任何一个元素失真，都会使结论发生谬误而失掉说服力。概念要定义准确。在论证过程中，这个问题一点儿也不能马虎。每个概念都有内涵与外延，有“广义”和“狭义”，要定义清晰准确，倘若概念发生了问题，推演下去往往会导致全文的失败，在行文运用中应该特别注意概念的细微差别。

学术论证的逻辑结构：论文论证的过程就是逻辑运用的过程，除在具体论证中应该注意逻辑原则外，从谋篇布局的角度看，在文章总纲上也必须有合理的逻辑结构。论文的结构是有序的，由开头、中间、结尾等形成一个有机的系统，依据这一规律，人们总结了一种较为常见的逻辑论证结构，即依序为“引论·本论·结论”的论证结构。引论，是对论题的内涵与外延作出的限定与域界，同时阐明研究的目的与意义等。本论，是论证的主体部分，依据需要论证的范围，作逐一论证。结论，归纳本论中得出的初步结论，形成结果，完成中心论点的最后归纳，从而证明论题的真实性。其中，本论最为复杂，有时为了完成复杂性的论题，本论又构成许多分支的逻辑结构，以论证分支论点，其中特别要注意各层次的逻辑联系。

（五）学术论文的表述

在选题、材料收集、学术论点形成之后，便可正式开始撰写论文。这一阶段内容包括：编写论文提纲、行文语言要求、引注基本规范等。

提纲的编写要求：论文提纲通常包括标题、中心论点和分论点、层次段落、各分论点的论证材料等四部分内容。编写的要求是：论点明确、结构合理、材料准确。论点明确是指论点要新颖与正确，要考虑中心论点与各分论点的协调与对应，形成一个周密而严谨的逻辑网络。材料准确是指所选用的材料，要真实可靠、力求典型、尽可能新颖等。结构合理则要求能正确反映事物的规律与内在联系，基本思路是提出问题、分析问题与解决问题，结构布局要突出中心论点等。提纲编写有详、略之分，为利于论证和撰写，初学者应尽可能写得详尽一些。

行文的语言要求：语言能反映思维，论文语言应表述理论与观点，反映研究者的思想水平，准确而精彩的语言能深化论文的思想内容。精确、简明、平易、庄重、专业化、适当的文采等是论文语言的基本要求：

·精确、简明、平易、庄重的语言要求。精确包括字的正确性，句的贴切、审慎、精当，语法正确，句式严密完整。应特别注意概念的表述，要严格界定概念的内涵与外延。此外，还应准确、规范地表达数字和相关符号。

·论文语言力求专业化。学术论文是专业研究的表达，大量使用专业语言是学术论文语言运用的基本要求，它阐述的是专业学术问题，使用的也应尽量为专业术语、名词、概念与理论。

·适当的文采。科学语言虽然力求冷静、客观与准确，但在保证论文内容的科学性和表述的准确性的前提下，适当使语言活泼一点、生动一点，会使文章更有可读性。但在文采运用上仍要适度，凡是影响准确表达、冲淡文章内容的一切辞藻和修饰都应该删掉。

引文、注述的基本规范：学术论文中的引文与注述（释）都有技术性与规范性要求，遵守规范是使自己的学术成果获得最佳传播的基本前提。

· 引文要求。直接引用与间接引用是引文的一般表现形式。直接引用是指在论文撰写过程中对要引用的对象进行直接挪移，节录的文字内容，一般可用引号加以区别。间接引用又称转述，是用自己的语言对引用文字进行加工和转化，不是词句完全一致的引用，这时一般不加引号。应注意的是转述时一般不可断章取义，虽与复述不同，但意义要一致。

· 注述（释）要求。注述（释）一般为注明材料的准确来源，包括著作者、材料名、文献类型标志、出版地、出版者、出版日期及页码等，有时还对引用的材料作些说明，这是注述（释）的一般内容。还有一种注述（释）称之为“参考文献”、“参考书目”，是指对自己行文成书过程中产生重要影响的一些书籍和文献。一般应置于全文的末尾处，即在尾注之后。另外，无论哪种形式的引文都要明确标明出处。出处标志一般有三种形式，即夹注、脚注与尾注。夹注，即在行文过程中把注述（释）的内容用括号加注在引用的文字之后，故习惯上我们又称之为“段中注”或“文中注”。这种形式一般在相对比较简单、通俗的论文中使用。脚注，是指在文章每页的下端作的注述（释），所以又称“页下注”。这种注述（释）法最便于我们阅读，在专著中比较常见。尾注，是指将注述（释）放在一篇文章的结束处，即全文的末尾，在论文中常使用；专著则因过长，大多不便于阅读而较少使用。尾注的标示一定要注意顺序一致，否则它反而会造成我们的误读。

附录：××师范大学毕业论文（设计）格式要求

一、封面。封面要使用学校统一格式和统一封面纸。

二、题目。题目要对论文的内容有高度的概括性，简明、易读，字数应在20个字以内，论文题目用黑体3号字。

三、署名。论文署名的顺序为：专业、学号、学生姓名、指导老师、姓名。

四、内容摘要。中文内容摘要应简要说明毕业论文（设计）所研究的内容、目的、实验方法、主要成果特色，一般为300—400字。

五、关键词。一般为4—8个，用分号隔开。

六、正文。正文要符合一般学术论文的写作规范，统一用宋体小四号字，行距为1.5倍。字数要求：理工科不得少于6000字，文科不得少于8000字。要求理论联系实际，涉及他人的观点、统计数据或计算公式的要注明出处（引注），涉及计算内容的数据要求准确。标题序号从大到小的顺序为“一、”、“(一)”、“1.”、“(1)”、“①”……

七、注释。论文中所用引文应按规范注明出处，注序要与文中提及的页码一致。注释方法参见参考文献顺序。

八、参考文献。论文后要标注参考文献和附录，参考文献按照以下格式排列：

（一）专著、论文集、报告为：[序号]主要责任者、文献题名[文献类型标志]、出版地、出版者、出版时间、起止页码；学位论文为：[序号]作者、文章题目、保存地点、保存单位、授予年月。例如：[1]辛希孟，信息技术与信息服务国际研讨会论文集.A集，[C]，北京：中国社会科学出版社，1994.12.

（二）期刊文章为：[序号]、主要责任者、文献题名[J]、刊号、年卷（期）、起止页码。例：[1]何龄修，读顺城，南明史，[J]，中国研究1998(3).12. [2]金显目，王昌长，王忠东等，一种用于在线检测局部放电的数字技术[J]，清华大学学报（自然科学版），1993

(4).12.

(三)电子文献为:[序号]、主要责任者、电子文献题名[电子文献及载体类型标志]、电子文献的出处或可获得地址、发表或更新日期/引用日期(任选)。例:[1]王明亮,关于中国学术期刊标准化数据库系统工程的进展[EB/OL].http: //www.cajcd.edu.cn/pud/wml.txt/980810-2.html1998-08-16/1998-10-04.[2]万锦坤,中国大学学报论文文摘(1983—1993).英文版[DB/CD].北京:中国大百科全书出版社,1996.

九、图表、附注、公式图表、附注和公式一律采用阿拉伯数字连续编号。图序及图名置于图的下方正中;表序及表名置于表的上方;圈中用宋体五号字。论文中的公式编号,用圆括号括起写在右边行末,其间不加虚线。

十、英文说明。正文后附英文标题、英文摘要和英文关键词。标题用TimesNewRoman三号字体,居中加粗;[Abstract]、[KeyWords]用TimesNewRoman小四号字体,顶行排列。英文标题除介词、连词小写外,其余单词的首字母全部用大写,英文关键词的首字母用大写,且用“;”分隔。

附录:中小学美术课堂教学策划案例(教案)

【参考课例一】

课题:《穿花衣的热带鱼》 课业类别:游戏活动课、造型·表现等领域

授课班级:第一学段1年级 教学时数:1课时

教材:人美版新课标实验教材、小学一年级、第二册

教材分析:本课题设计能综合考虑学生的年龄和心理特征,安排了生动有趣的热带鱼话题,并设置了系列活动与游戏,将其融入教学之中能吸引学生,激发学习兴趣。

学习目标:

1.尝试使用有关材料、工具进行绘画表现活动;

2.在游戏中,采用讨论方式,表述自己的想法;

3.在音乐和图画等活动情境下,展开环保的话题。(教学重点、教学难点略)

教具准备:示范画、音像资料、活动背景音乐、学生作品、白纸、胶水、颜料等。

学具准备:自己喜欢用的彩色笔、彩色纸、颜料等。

教学过程:

一、导入:上一节美术课的作业,用纸片做的热带鱼,请家长看过了吗?如果家长已经看过,那请把评述意见告诉同桌的同学。

二、活动1:全体学生把自己做的鱼贴在一张长约5米、宽1米的白纸上。

活动2:发一些彩色小圆纸给学生,请学生们把它当水泡贴在自己喜欢的鱼的嘴边。

活动3:请学生讲述自己为什么喜欢这条鱼,提示鱼的造型、色彩、花纹和画法等方面内容;追问鱼在什么地方生活,展开“海底世界”话题;播放海底世界的动画影音资料,让学生做小鱼游泳的动作游戏。

活动4:观察后请学生指出图画上还缺些什么内容,让他们用彩色笔在画面上添画水草、珊瑚、海螺等。

活动5:教师展示用手印组成鱼形的彩色画,让学生思考这些鱼是如何画成的,通过演示教师提示正确的答案。师生共同参与手摁鱼形的游戏,让全体学生在大纸上用手摁的方法作画。

活动6:播放背景音乐,让学生思考并展开保护鱼类的话题。

效果预测:结合学生的身心特点与认知水平,设计相应的教学情境与教学过程,教师灵活把握,可以营造寓教于乐的课堂气氛。

教学后记：将游戏与活动引入课堂受到学生们的热烈欢迎；多维的教学目标使美术教师原有的知识和能力受到考验，必须不断充实与提高。

【参考课例二】

课题：第12课《有趣的纸浮雕》课业类别：制作活动课、设计·应用等领域

授课班级：第三学段6年级 教学时数：2—3课时

教材：桂美版新课标实验教材、小学六年级、第十二册

执教教师：广西桂林市将军桥小学美术教师曾艳萍

学习领域：本课涉及“设计·应用”等领域，学习要求是：运用对比与和谐、对称与均衡、节奏与韵律等组合原理，了解一些简单设计方法和材料的加工方法，进行设计和装饰，美化身边的环境。

教学目标： 1.通过纸浮雕的制作，让学生了解纸浮雕的基本常识，掌握从平面到立体的基本造型方法，形成一定的设计意识，并能合理利用工具、材料进行制作。

2.培养学生大胆表现、勇于创造、动手实践的能力，同时培养学生团结合作的精神，激发学生美化生活的愿望。

教学重点：了解纸造型的基本知识，并制作有趣的立体作品。

教学难点：纸浮雕的剪裁与制作。

作业要求：选择适合的纸材料制作一件纸浮雕，用来装饰自己的居室或赠与好朋友。

教具准备：范画几张、铅笔、尺子、刻刀、剪刀、胶水或双面胶、泡沫胶、各种彩色纸张、圆规、打孔器、垫板、珍珠板、实物投影仪等。特种纸张包括博彩纸、瓜皮纹纸、织绢纹纸、云宣纹纸、油画纹纸、星幻纸、蕨叶纹纸、岩纹纸、俪纹纸、珍珠纹纸、竹编纸、美术纸等。

学具准备：1.铅笔、尺子、刻刀、剪刀、胶水或双面胶、泡沫胶、各种纸张、圆规、打孔器、垫板、珍珠板等。

2.课前要求学生上书店、图书馆或网上查询有关纸浮雕的相关图文资料。

（第一课时内容：一张平面纸的立体变化，二课时）

教学程序：（一）组织教学：展开游戏，宣读游戏规则，将全班分为四组，师生共同进行闯关游戏。第一关：芝麻开门；第二关：奇思妙想；第三关：巧手大比拼。三关的积分最多的组，就是今天的冠军。

（二）导入教学：第一关，芝麻开门。1.第一题：出示两件雕塑作品，判断是圆雕还是浮雕，为什么？（圆雕：立体的，可从四面八方看；浮雕：半立体的，只能从正面看，表面有凹凸感。）第二题：你知道在我们的家乡桂林哪里有浮雕？（家乡有：七星公园华夏广场，阳桥、西门桥等桥拱下，罗盛教烈士墓等。） 2.教师：浮雕可用石头、木头、塑料、金属、纸等材料做成。在制作浮塑的材料中，纸最方便、便宜，可塑性较强。引出课题，板书课题：12.有趣的纸浮雕。

（三）讲授新课：第二关，奇思妙想。1.上节课我们了解了一张平面纸怎样变立体，你知道可以用哪些方法？（板书方法：有剪、切、卷、折、叠、粘、压、拉、刻等方法。） 2.你们用这些方法做了什么，拿出来让大家看看。3.教师示范，学生观察，要求学生进行比较，老师和自己做的有什么不同。老师用一张长方形的大纸，随意从四周向中间剪上一刀，粘一粘，使平面的纸立起来，让学生发挥想象，看这张立起来的纸像什么，再进行一些加工，成为想象中的物体。（如：把长方形的纸剪切后变成椭圆形的树冠，加上树干就成一棵树；把椭圆形的树冠加上眼睛和嘴巴，就成了面具；把椭圆形的树冠剪一剪，可变成一个凸起的花瓶；把椭圆形的树冠剪一剪，可变成一条漂亮的金鱼；把椭圆形的树冠剪一剪，可变成一张树叶，

把几张树叶围一圈，可变成一朵花等。）示范后总结制作步骤：①构思，②设计，③制作。4.这节课你想做什么呢？让学生大胆地说出来。（考考你：老师把一张平面的纸卷成圆筒形，让学生说说圆筒形可以变成什么？要求学生合作小组在最短的时间内，用各种不同的方法，把圆筒形变成一个漂亮的物体并贴在底板纸上。教师简单讲评，表扬方法突出的小组。）5.了解神秘包。（为了让同学们能了解更多的制作方法，教师课前准备了用各种方法制作好的小物件，如各种形状的花朵、树叶、五星等，把它装在盒子里当成神秘包，请同学们打开神秘包，研究这些物体的做法。上台说一说，重点让学生说说教师所采用的方法：折、剪、卷、贴、叠、刻等方法。特别强调怎样让图形凸起来，并介绍波浪剪、打孔器等特殊工具的用法。）

（四）布置作业：第三关，巧手大比拼。出示4幅2开大分别为浅蓝色、深蓝色、浅黄色、浅绿色的底色纸，让学生讨论并说出在这样的底色上你想到了什么？可以做成一幅什么样的纸浮雕？六人一小组，团结协作，共同完成一幅纸浮雕作品。

注意：安全使用工具，合理运用材料、方法，注意构图。

（五）学生作业：教师在音乐背景下指导，注意表扬团结协作好、有创意的同学。

（六）展示作业：在教师的主持下，学生进行自评和互评。（略）

（七）了解纸浮雕艺术：介绍相应的知识内容。（略）

（八）欣赏纸浮雕作品：展示优秀的美术作品，展开欣赏与评述活动。

（九）教学拓展：出示纸浮雕相框、笔筒等，告诉学生纸浮雕可以运用到生活中的各个领域，生活中处处都有纸浮雕。我们把这些作品挂在教室里，把教室变成艺术的殿堂。把它送给亲朋好友，可以增进我们的感情。

（十）教学小结：今天，同学们用自己的双手做出了一幅幅美丽的纸浮雕，相信这些纸浮雕不仅能美化我们的生活，美化我们的环境，更能美化我们的心灵。希望同学们平时多观察，多动手，多创作，这样我们的生活就会更加丰富多彩；最后评出今天的冠军，把最热烈的掌声送给获得奖励的同学们。

说课及反思：

本课选自桂美版六年级第十二册的教材，课题是《有趣的纸浮雕》。本课的学习领域是

设计与应用，设定的教学目标是：通过纸浮雕的制作，让学生了解纸浮雕的基本常识，掌握由平面向立体转换的基本方法，形成相应的设计意识，并能合理使用工具和利用材料进行制作。同时培养学生大胆表现、勇于创造、动手实践的能力，以及培养学生团结合作的能力，激发学生美化生活的愿望。本课的教学要求是：运用对比与和谐，对称与均衡，节奏与韵律等组合原理，了解一些简单的设计方法和材料的加工方法，进行设计和装饰，美化身边的环境。教学重点：了解和运用纸造型的基本知识，制作出有趣的立体作品。教学难点：纸浮雕的剪裁与制作。

教材分析：《有趣的纸浮雕》课题，重在“趣”字，纸浮雕作品怎么有趣？制作纸浮雕的过程怎么有趣？这是我们要思考的问题。教材提供了一些精美的纸浮雕作品供师生们学习，但精美纸浮雕的制作对于学生来说是有一定的难度的。虽然学生们都很喜欢纸浮雕作品，很有制作的兴趣，但却不知如何下手，不知道作品是怎样做成的，总感觉纸浮雕艺术有点高深莫测。根据这个情况，课前搜集了大量的学生喜欢的纸浮雕作品，让他们欣赏，同时鼓励学生到书店、网络或用其他方法查询相关资料。并向同学们介绍一些特殊的工具及用法，让他们了解一些纸浮雕的基本制作方法，认清纸浮雕制作的神秘和战胜畏难的心理，让学生从易到难地理解纸浮雕的制作过程。于是设计了第一课时，课题是《一张平面的纸怎样变立体》，学生通过尝试很快就把纸变成了各种不同的立体形状，有的把纸抓成一团变成球形，有的把纸折成扇形，有的把纸折成方形，但种类不太多，这时老师就启发学生并向学生介绍剪、切、卷、折、叠、粘、压、拉、刻等各种不同的方法，让纸变立体，学生很感兴趣，课后布置学生每人做几种不同的立体图形。有了第一课时的铺垫，后面做纸浮雕作品就比较轻松了。为了让学生更积极地参与教学，在传授新知识和突破本课的重点、难点时，将学生喜爱的游戏形式贯穿于教学，整堂课学生一直处于积极的比赛状态中。教师的示范，启发了学生的发散思维，增加了制作纸浮雕的趣味，“神秘礼盒”中的小物品让学生对一些制作方法看得更清楚，培养了学生主动探究的学习能力，同时增强了同学们的自信心。以分组合作的方式完成作业，培养了学生团结协作的精神。欣赏优秀的浮雕作品，拓展了学生的思维，增加了同学美化环境的信心。

这节课改变了传统的教学状态，教师较好地发挥“导”的作用，学生积极主动地参与教学，学习兴趣浓厚，学生在乐中学，学中乐，充分体验学习的乐趣。在教学中教师注重设计活动表现和创意的评价等，使学生的观察力得到发展，想象力得到激发，创造力得到表现，欣赏力得到提高。教师匠心独到的教学设计，让学生感觉难度较高的纸浮雕艺术原来可以这么简单地理解和制作，克服了学习的畏惧心理，增强了今后学习的自信心。

【参考课例三】

课题：第2课《我的故事》课业类别：制作活动课、造型·表现等领域

授课班级：第四学段7年级　教学时数：2—3课时

教材：湘版新课标美术实验教材、7年级、第二册

执教教师：桂林德智外国语学校美术教师彭咏梅

教材分析：·卡通画是深受广大学生喜爱的艺术形式。教材选取了学生熟悉的《大闹天宫》、《米老鼠和唐老鸭》等卡通画作品，使学生在欣赏生动、有趣的卡通画作品中较为直观地了解卡通画的创作手法，引发学生学习卡通画创作的欲望。在本课中，教师应当首先明确一点，即教材所指的卡通画，并非漫画。在西方国家，漫画、连环故事画以及动画，都被称为“卡通”。而我国把漫画和卡通分开，其中，连环故事画称为“连环画”也可以叫做“卡通画”；漫画则包括“连环漫画”和“单幅漫画”。二者在艺术特征上是有很大区别的。漫画的艺术特征主要体现在谐趣、幽默和讽刺中，它的技法并不复杂，多为简笔画的形式。漫画中的“漫”，同漫笔、漫谈的漫字意义相近，指的就是没有什么限制和拘束，十分随意，篇幅短小而内容精到。卡通画综合了漫画、连环画的一些特点，形成了自己独特的表现手法，它更侧重于表现故事情节的生动性、绘画的技能和作品的风格，故而十分符合青少年的审美标准。

·教材要求学生通过学习能正确理解卡通画的功能，认识卡通画的基本造型要素，并能进行相关的造型活动，从而激发学生的想象力和创新意识，培养学生幽默、乐观的生活态度。教师要设计贴近学生生活的教学活动，发展学生的艺术感知能力和造型表现能力，使学生体

验到造型活动的乐趣，从而强化美术学习的兴趣。

·本课可针对卡通画的两个组成部分——卡通人物和卡通故事，结合实际情况来开展教学活动。虽然都是运用夸张的手法，但两种类型所要表现的内容各有侧重，卡通人物主要通过夸张人物的外貌特征和性格特征来达到形神兼备的艺术效果，卡通故事更注重漫画的语言功能，即通过多格漫画的形式表达有趣的故事或现象，达到讽刺或娱乐的目的。

教学目标：1.认识卡通画的艺术特征与功能，学习卡通人物的表现手法，感受卡通画的艺术表现力。

2.学会提炼生活中的幽默情节，体验卡通画创作的乐趣，形成美术学习的持久兴趣。

3.通过欣赏卡通画、了解卡通画、创作卡通画，培养自己幽默、睿智的生活态度。

〔教学方案〕

教学重点：了解卡通画的艺术功能和艺术特征，学习卡通画的创作技巧。

教学难点：学会基本的构思方法，初步掌握夸张的表现手法。

学习评价：1.以举办画展的形式开展互评。2.学生通过填写评价表进行自评。

学习探索：1.尝试深入了解一位自己喜爱的卡通画大师以及他的作品。

2.用卡通画的形式表达自己对某些校园现象的看法。

在你的作品中，有哪几处运用了夸张的手法？	老师、同学们对你的作品作了怎样的评价？	你觉得自己的作品还有哪些需要改进的地方？

3.收藏经典的卡通画作品，做成剪贴本。

教学思路：本课选取卡通人物为教学内容。

·卡通人物是卡通画的重要组成部分，它具有夸张、幽默、简笔的特点。把人物卡通化，趣味性强，技能的难度较低，符合初中生的年龄特点和学习兴趣，能使每一位学生体验到不同程度的成功感。以卡通人物作为本课的教学内容，是与新课标“面向全体学生”的要求相吻合的。

·在引导阶段，教师通过卡通画欣赏结合问题设置引发学生的兴趣和主动探究的欲望。可选用一些学生十分喜爱和熟悉的卡通形象来让大家欣赏，当学生高兴地说出这些人物的名称时，教师乘机表示惊讶并提出问题：为什么这些变形得这么厉害的绘画，你们还能认出他们来呢？引发学生的思考，便进入了发展阶段：卡通画的表现手法——夸张。在这一阶段，教师要精心设置一些能促使学生主动学习的问题，问题的设置要通俗易懂，要贴近学生的生活，要使学生通过一定的思考能获取答案，能体验到成功的喜悦，从而激起更大的学习动力。当学生在教师的引导下，通过自己的观察和思考认识了卡通画的艺术特征和表现手法后，自信心会大大增强，有利于创作体验活动的顺利进行。为了更贴近学生生活、学习环境，本课作业选择了学生熟悉的内容“教师节快到了”，尝试运用夸张的手法，为你喜爱的老师创作一幅卡通人像，作为送给老师的礼物，增进师生之间的感情。在作业完成的过程中，要让学生了解：好的作品要有好的构思，好的构思来源于对生活中幽默情节的发现和提炼。

·本课的评价通过课后的画展来实现。由于画的都是大家身边的人物，因此师生参与评价的积极性会很高。学生通过他评来实现自评，看看别人对自己的评价，更清楚地知道自己作品中存在的不足，有助于自我反思。

课堂教学设计

课前准备：

教师准备教具：实物投影设备、名人肖像卡通画、经典卡通画、示范用画具。

学生准备学具：自己搜集的卡通画作品、图画纸、铅笔、颜料、着色工具等。

第一课时《卡通人像的艺术特征和表现手法》

引导阶段：活动一，卡通画欣赏。通过欣赏卡通画，引发学生的兴趣。在展示和欣赏的过程中，引入问题：促使学生自主学习，通过观察，能发现卡通画的艺术特征，归纳出卡通画的主要表现手法。

·学生展示自己搜集的卡通画，并说说喜欢它们的理由。

·欣赏名人肖像卡通画，猜猜他们是谁？你是怎么看出来的？

发展阶段：活动二，学生讨论、交流，试一试归纳卡通画的艺术特点和表现手法。

艺术特征：通俗、幽默、风趣；表现手法：夸张。

教师小结：幽默、风趣是同学们喜爱卡通画的理由。卡通画正是通过夸张的表现手法来体现这一特征的。

第二课时《我喜爱的老师》

引导阶段：（略）

发展阶段：教师：同学们都很喜爱卡通画，它是一种喜闻乐见的绘画形式。卡通画以轻松、幽默的方式表达作者对生活的情感，寓教于乐。正如同学们的观察：夸张是卡通人像的主要创作手法。人物是卡通画创作的重要表现对象，就连迪斯尼的卡通形象、可爱的动物们也都被拟人化了。今天，我们就一起来学习如何运用夸张的手法表现人物。教师作外貌特征夸张的示范：五官特征的夸张手法；脸型特征的夸张手法；头与身体比例的夸张手法；性格特征的夸张手法；表情特征的夸张手法。

教师提问：能不能想夸张哪里就夸张哪里呢？（进一步强化知识点的掌握：人物的外貌特征和性格特征是卡通画进行夸张的依据。）

活动三，尝试运用夸张的手法，为你喜爱的老师创作一幅漫画。

评价阶段：举办一个班级漫画展，学生填写自评表。（可在课后完成）

教师小结：总结本课知识点，鼓励学生用漫画的乐观幽默精神来面对生活和学习。

课后活动建议：·举办班际卡通画比赛，选出优秀作品展出。·想一想，卡通故事画的特点是什么？尝试用卡通故事画的形式表达自己对某些校园现象的看法。

教学后记：·卡通画的确是深受学生们喜爱的艺术形式。我用了两个课时来完成本课的教学，孩子们却显得意犹未尽。

·由于我在备课时精心挑选了符合学生实际生活和认知水平的教学图片，包括学生十分喜爱的一些卡通形象（如：姚明、乔丹、柯南、蜡笔小新等），对于提高学生的学习兴趣以及自主观察与归纳都起到了积极的作用。

·在本课教学中，我尝试以引导和鼓励的方式为主，通过问题的设置来培养学生探究学习的能力，取得了较为满意的效果，学生们都能积极地观察并得出较为准确的结论。由此看来，教师应当充分相信学生的自主学习能力，彻底抛弃"一言堂"的传统教学模式。

·作为课后拓展的卡通画展，取得了意想不到的效果，不但学生们热切关注，老师们也纷纷在画展中找寻自己的踪影，有的老师还用相机拍下画有自己形象的作品，留作纪念。这使我深深体会到，美术课堂教学一定要与校园美术文化相结合，才能最大限度地提高学生学习美术的兴趣。

附部分学生作品：

【参考课例四】

课题：高二美术《建筑——人类精神的家园》课业类别：美术鉴赏系列、新知课

授课班级：高中二年级　第二册　教学时数：1课时

教材：湘版新课标美术实验教材、高中二年级、第二册

执教教师：广西师范大学附属中学美术教师黄启波

教学目标：1.用自己的视角对建筑艺术进行欣赏、调查、分析、研究，感悟建筑艺术和文化。

2.注重学习的过程和知识的体验。

3.体会课题研究流程（观察、分析、验证、拓展），形成研究意识，学会学习。

4.在学习过程中逐渐养成“整体学习”与“对比学习”的习惯。

5.客观评价建筑艺术所体现的精神文化，形成民族自豪感。

教学重点：学习过程中的调查、分析、研究与成果展示。

教学难点：建筑艺术对人类精神文化的体现。 教具：多媒体教具与资料。

教学方法：展示与讨论（研究性学习）。

教学过程：1.引入课题：建筑艺术欣赏。2.学生调查成果展示。3.学生进行即兴辩论。4.教师引导及小结。

教学思路：（一）指导思想：1.学习的过程应该是学习者对知识的体验、发现与创新的过程，体验、发现与创新的主体应该是学习者；2.教学的目的是让学生学会学习。

（二）研究主题：如何既突出学生主体，又强调教师的主导作用。

1.体现学生主体：学习的切入点由学生自定，可来自课内、课外；学习过程（调查、分析、研究、展示等）由学生完成；学生的学习调查研究结果由学生讨论。

2.体现教师主导：课题研究大方向由教师提出；在调查、分析、研究过程中引导学生运用“整体学习、对比学习”的方法，深入与扩展所学习的知识。

3.既突出学生主体，又强调教师的主导作用是教学的关键。要激发学生对所学的知识产生强烈的兴趣，教师对所教知识的深度及广度要有整体的把握。

教学难点：高二年级以前的美术欣赏教学，注重知识的学习，不太注重学生情感的交流和能力的培养。要分析建筑艺术所体现的精神文化，需要涉及建筑哲学、美学原理以及历史文化等多方面知识，而现在的美术欣赏教材没有这方面的内容提示。对高中学生来说，这个课题难度较大。让学生用自己的视角分析、研究建筑艺术所体现的精神文化，就必须改变传统的教学方法。所以，应该鼓励学生相信自己的感觉，大胆地联想，通过查资料，调查、分析、研究，从整体入手，通过对比，找出不同的建筑的特点，从建筑独特的特征中体会建筑艺术如何传达精神文化。教学中，教师要注重学生的学习过程。

教学反思：高二美术《建筑——人类精神的家园》是一次新课改研究性学习的尝试。当前，研究性学习成为人们关注新课改的重要内容之一，与其说它是一种教学方式，还不如说是一种教学模式或教学理念，其旨趣在于“教”和“学”的全过程都贯穿着研究性的特征，包括教师研究型的“教”和学生研究型的“学”。

研究性学习的课程目标与一般的学科教学目标不相同。它更强调学生对所学知识技能的实际运用而不仅是一般的理解和掌握；它更强调学生亲身的实践和体验，而不仅是通过课本和老师获取间接的知识；在知识技能的运用中，在亲身实践中，使同学们的思想意识、情感意志、精神境界等各方面得到升华。

高二美术《建筑——人类精神的家园》这节课，由于学生积极地参与使得本课的教学能很好地完成教学目标，研究性学习过程中的调查、分析、研究与成果展示得到了很好的体现。学生从多方面思考了建筑艺术对人类精神文化的体现。在整个教学过程中，学生的学习兴趣和积极性很高，学习气氛轻松愉快。

首先，在课前调动了学生调查研究的积极性，由于课前给学生提出了明确可行的调查研究方法，分工明确，学生能在有限的时间内完成调查任务，并且准备充分。例如：每组都有调查报告，其中有一个小组同学作了两千多字的调查报告，观点明确，论据有力。在短时间内，发挥了集体的力量，在学习小组中有分工，有合作，他们从课本、网上以及其他方面收集了大量的关于《建筑——人类精神的家园》的资料，然后经过讨论、总结得出调查报告。

其次，在课堂教学中调动了学生课堂参与辩论的兴趣。在即兴辩论中，任意抽一学习小组为正方，其他所有同学即成为反方，正反方必须回答对方的提问，双方都可任意指定对方同学回答，促使每个同学参与思考、参与辩论。由于学生的课前准备很充分，再加上教师为即兴辩论营造了轻松自由的氛围，学生针锋相对，各抒己见，整个辩论气氛很热烈。例如，有一组学生提出从中国的建筑中可以看出中国人“保守内向”。话音刚落，马上引起很多同学的反驳等。通过辩论，学生再次验证了他们自己的研究结果，加深了学生对知识的理解。同时锻炼了学生的语言表达能力，展示了学生的才能。

在研究性学习中，教师不但是学生学习的欣赏者，而且时刻在引导着学生的学习。学习的过程应该是学习者对知识的体验、发现与创新的过程，体验、发现与创新的主体应该是学习者。所以不管是课题的选择调查研究，还是结论的验证，教师都是以学生为主体，从学生的理解能力出发，引导学生向更深的知识层面探究。在教学中，教师没有作简单的“是”或“不是”、“对”或“不对”的评价，而是提出现象，让学生在事实面前思考，从而得出结论。例如，当有学生由中国的四合院、故宫等古代建筑推导出中国人“保守内向”的看法，引发辩论后，教师出示现代中国的一些具有明显的开放性及创造性的建筑，让学生分析与比较，学生很快就明白了问题的所在。教师引导学生：不同建筑其实就是不同精神文化的体现，中国的四合院、故宫等古代建筑能体现中国古代的传统文化的精神。另外，教师在引导时，结合简单的几何图形，以形象的方法，让学生体会建筑的文化精神，让学生反复对比，以验证他们自己的研究结果。

本课的最大特点：一是以学生为主体；二是学习的研究性。本课的教学形式改变了传统美术欣赏课教学“看图说话”的单一模式，体现了学科的综合特点：研究性是吸取了物理学科的研究特点，辩论赛是吸取了语文学科的特点，音乐的设置是基于“音乐是流动的建筑”的观念，也是学科的综合。由于课的形式具有多样性和开放性，因而适合不同层面学生的要求，喜欢研究的同学，有它的用武之地，喜欢表现的同学可以大胆地辩论，喜欢安静的同学也可以在音乐中欣赏建筑之美。为切合高中美术教学实际，对于基础好的学生，课题的面可以宽一些，量大些，而对于学习基础差的学生，可以是一个局部，可以是一个知识点，也可以是一个现象等。

由于首次进行这样的教学尝试，因此教学的随机性很大。例如：即兴辩论的观点可能千差万别，知识涉及面很广，辩论时间难以控制等，对教师的知识和能力都是一种检验。

●学生展开调研活动的有关资料●

研究主题：建筑艺术怎样体现人类精神文化

研究方式：（一）以学习小组为单位进行。（二）课外研究，课堂展示总结。

（三）研究成果展示方式：口述、文字、图片、课件、实物等（形式自定）。

（四）研究切入点：1.东方建筑艺术与西方建筑艺术对比：如：《美术欣赏》课本的《北京故宫》与《英国国会大厦》、《太和殿金銮宝座》与《凡尔赛宫镜廊》、《山东孔庙》与《米兰大教堂》、《深圳地王大厦》与《波士顿汉考大厦》等。2.建筑的外形、装饰、整体布局、周围环境等对比。例如，观察建筑的门、窗、柱的外形和建筑的整体布局等，用简单几何形如□、△、○等比较它们的异同，体会它们是怎样体现人类精神文化的。

（五）调研结论：负责调研的同学形成初步意见后，参与提问的同学可向其表述自己不同的观点，以引发讨论，最后，共同得出本组调查结论。

（六）现有资料：1.《美术欣赏》（高二）课本P37—P51

2.校园网上邻居192.168.0.185的《建筑艺术》

成果展示：每个组公布调查结论，并作适当陈述（每组时间约3分钟）。然后即兴辩论。

专家点评：这是一节充分体现了新课程理念，教学效果非常好的美术欣赏课。该课给人耳目一新的感觉，一改传统美术欣赏课教学“看图说话”的单一形式，体现了学科综合的特

学习小组同学名单

调研同学名单			提问同学名单		
班级	姓名	学号	班级	姓名	学号

研究切入点：从对比建筑名称开始研究调查结果（略）

点。从课的设计上看，教师对新课标的研究和理解是较为深刻的。首先，教师将美术知识的学习有机地融入美术教学实践活动中，学生的主体作用得以充分地体现。教学内容与形式的统一，探究性学习方法的尝试以及科研意识的渗透等，在整个教学活动中得到了高度的统一，教学过程自然流畅。在教师整体、科学、巧妙的设计中，学生在整个学习过程中的精彩表现，充分地说明了学生探究性的学习方式已经初步形成，这种学习方式的形成将使他们终生受益。特别值得一提的是，从该课在资料的选用、课件的制作上可以看出教师的精良的业务素质和敬业精神，所有这些，构成了我市新课改美术教学中一道亮丽的风景线。

点评者：桂林市教育科学研究所关小敏

思考与练习：

1. 如何编写中小学美术教案？
2. 撰写教育教学相关文案的目的和意义是什么？
3. 美术教育专业学术论文的撰写包括哪些方面工作？
4. 美术教育教学规划与美术教学计划有什么相同和不同之处？
5. 各种教学工作计划有什么写作特点？
6. 教学工作总结的基本内容是什么？
7. 美术教育研究对研究者的素质提出了哪些要求？

后致

致广大中小学美术教师和美术师范生的一封公开信

中小学美术教师和美术师范的学生们：

你们好！

经过一段时间的不眠之夜，总算将《中小学美术教学法》一书编写完了。该书是好是差、是优是劣，有待于你们在学习和实践中评说、修正、充实与完善。作为同行，掩卷伏案，思绪万千，总有一些话想说，且不吐不快，于是就给你们写了这封信，表述我们对当下美术教学状态的一些思考。一本教材，肯定有其科学严谨的一面，但书毕竟是人写出来的，免不了在书中或多或少流露出作者的情绪和对人对事的看法。此信作为本书的结束语，随笔写来，讲几句大白话，相信无伤大雅，不会影响该书的体例和功能，也不会偏离本书编写的原则和宗旨。

中国的改革开放三十余年，风风雨雨地走到今天，各行各业所取得的成就举世瞩目，其中人民教师的社会地位得到了很大的提高，经济收入也逐渐改善，教师的职业已经成为竞争性较强的职业。随着国家对美术教育的重视，全国各地中小学美术教师的资质结构也起了根本性的变化，有专科本科文凭的教师已经很普遍，研究生毕业做基层学校教师的现象也不是什么新闻。

国家教育事业的发展，不仅需要有高文凭、高学历的美术教师，更需要一大批有综合的专业技能、有丰富的知识学养、有执著的敬业精神，真正热爱美术教育事业的高素质的优秀教师，他们不仅是美的创造者，更是美的传播者和引领者。

当下教育教学的实践告诉我们，做一名普通的中小学美术教师也许并不难，而做一名学生们喜爱的美术教师就不是一件容易的事了。《义务教育阶段美术课程标准》要求把美术教育从重技能教育转向重审美、重素质、重人文精神、重综合能力、重多学科知识文化融会贯通的教育。适应全新的教学理念和教学要求，对相当一部分在职的中小学美术教师来说，这是一个严峻的挑战。

我们知道，在基础教育改革的大潮中，要做一名能胜任中小学美术教学的教师就需要不断地学习、不断地充“电”。在当下的美术教学中找一位单纯教绘画技能技巧的美术教师并不困难，而要找一位美术造型能力较强、审美水平较高，而又具有丰富的文化知识的美术教师就困难多了。究其根源，这是由于美术师范专业学生的师范专业知识与技能“先天不足”所造成的。很多美术师范毕业生在校读书期间，不论是三年大专还是四年本科，所受到的师范专业教育训练是不完善的；一些美术师范院校对美术师范专业学生的培养也还是延续着“纯绘画”式的技能技巧训练。这是为什么呢？这里有历史的沿袭，也有社会评价和价值取向的原因。美术师范专业的课程设置，二十多年来基本上是参照美术专业的课程体系来改编设置的，师范美术教育专业长期处于没有自己独立的教学体系、课程体系和教材体系的状态。据我们长期的了解观察，在美术师范院校的教师队伍当中，有不少教师是美术专业领域里的行家、绘画高手，其中也不乏画家队伍中的精英，或者是市、省，甚至是国家的美术界知名人士。但是，在教育教学中，特别是在美术师范这个教学岗位上，坦率地说他们并不称职。他们在传授绘画技能的同时，往往忽视了师范美术教育的师范特性。在课堂上，他们会大讲画家的成败经验，津津乐道于艺术探求道路上的得失，但谈到教育与教学、管教与管导等问题时，却明显提不起精神。不少美术师范教师不理会教育和教学的规律，上课不写教案不板书，不顾及学生的学习感受和综合素质培养，不读师范类教育教学书籍，更谈不上用心去探究美术师范教育的问题了。是这些“师范”教师做错了吗？我们觉得：画家并不等于教师，名画家更不等于优秀的师范美术教师，做画家有做画家的目标与条件，做教师有做教师的规范与要求，二者从某种意义上来讲是独立的。如果用培养艺术家、画家、专业美术工作者的教学方法和手段来培养中小学美术教师，这是在教学目的与培养目标方面出现了偏差，因而造成了美术师范教育长期“出位”与错位的现状，这从根本上影响了中小学美术教育的健康发展，这是其一。

其二，是美术师范学生的问题。十多年来，我们在高等美术师范院校工作中看到，很多考生不是因为想做一名中小学教师而报考美术师范院校的，他们是冲着文化要求不高，专业课程突击过关，好歹也能捞上读书，冲着将来有可能做专业美术工作者、做画家、做艺术家而来的，这种现象普遍存在。他们在读书时，重视技能学科、轻视文化学科，重视技术学习、轻视理论学习，重视绘画、轻视文案写作与阅读，而他们所轻视的却恰恰是将来做一名合格的基层中小学美术教师最最需要的。不可否认，美术师范专业也开设了《教育学》、《心理学》、《中小学美术教材教法》等课程，也有几周教育见习和实习类的实践课程，但是由于课程量太少，加上教育导向的偏离，因而还不能有效地促进学生师范观念的质性变化。比起大量的绘画专业课程来说，师范教育课程形同虚设，师范教学往往是走走过场而已。待到读完三四年的书，毕业的时刻到了，很多美术师范生的第一志愿并不是做教师，更不愿做中小学美术教师，只是到了最后，没有选择了才去做中小学美术教师。由此可见，美术师范院校从师资结构、课程设置、教学管理一直到生源素质、招生条例等都有待改进与调整。

尽管美术师范教育与中小学美术教师的教学有这样或那样的不足，但事物在发展，不是一成不变的，我们应该清醒地看到以下的动向：(1) 2001年中华人民共和国教育部制订了《全日制义务教育美术课程标准（实验稿）》，不同版本的中小学美术教材正在全国实验推广。2003年国家教育部制订了《普通高中美术课程标准（实验）》。这两项举措推动中小学美术教师迅速走进新课堂、理解新课程，确立一种全新的教育观念，改进原来习以为常的教学方法、教学行为以及教学手段，重新认识和确立自己的职业角色。(2) 2005年，国家教育部向所有美术师范院校颁发了新的师范美术课程大纲，其中明确规定：美术基础的专业性课程不能超过总课时量的60%，教育实习与见习不能少于8—10周，并制定了近20门人文学科课程。这一举措肯定会加快美术师范院校师资队伍结构的调整与课程变化。(3) 2007年，国家教育部批准了全国6所重点师范大学学生免费入学，先做试点，然后逐步向全国师范院校推广。这一教育政策体现了党和国家对教育特别是师范教育的高度重视。它肯定会激励大批文化素质高，又热爱教师职业的学生进入教师队伍，从而改变教师队伍的人才结构，同时也会带来美术师范生源素质的巨大变化。

广大在职的中小学美术教师、广大美术师范的学生们，一张文凭只能说明我们曾经接受过几年大学教育，它既不是“万能表”，也不是“路路通”，社会才是大课堂，人是需要不断学习与不断提高的，只有在实践中不断锤炼自己才可能增长真才实干。

中国的教育正处在大变革时期，处处充满勃勃生机。为了国家的强盛与发展，为了全面提高中华民族的科学与文化素质，时代呼唤大批有理想、有抱负、有才能又有敬业精神的青年加入到教师队伍中来，我国中小学美术教育的改革与发展极需一大批综合素质高的美术教师。每一个有志于在教育战线上干一番事业的人，都面临着空前的发展机遇。

中小学美术教育大有文章可做，值得我们为之奋斗，展示才华，体现自己的人生价值。

愿我们在中国不同的省市、不同的县乡、不同的中小学校，每天迎着升起的太阳，带着自信的微笑，与千千万万孩子们在绚丽多彩的美术文化知识海洋里度过快乐的每一节课，度过无怨无悔的每一天。

紧握你们的手！

老同行、新朋友：李庆云　罗克中

QQ：370498082

2008年4月18日

主要参考书目

贺志朴、姜敏:《艺术教育学》,人民出版社,2001年

王大根:《美术教学论》,华东师范大学出版社,2000年

吴东梁、樊学川:《普通中学美术教材教法》,高等教育出版社,2006年

郭声健:《艺术教育论》,上海教育出版社,1999年

常锐伦:《学科教育学大系·美术学科教育学》,首都师范大学出版社,2000年

蔡楠荣:《课堂掌控艺术》,教育教学出版社, 2006年

罗文浪:《现代教育技术》,北京航空航天大学出版社,2006年

陈卫和:《小学美术新课程教学论》, 高等教育出版社,2003年

陈卫和:《高中新课程教与学——美术》,北京大学出版社,2007年

戴高桃:《中小学美术教学活动设计》,北京大学出版社,2005年

顾 平:《美术学教育学导论》,凤凰出版传媒集团,江苏美术出版社,2006年

刘南一:《当代广西少数民族美术教育》,广西美术出版社,2003年

邓建民等:《课堂教学设计与分析》, 广西师范大学出版社,2004年

曲振国等:《当代教育学》,清华大学出版社,2006年

高师教材编写组:《美术教育学》, 高等教育出版社,2001年

杨九俊、吴永军:《建设新课程:从理解到行动·案例卷》,江苏教育出版社,2003年

教育部基础教育司组编:《走进新课程·与课程实施者对话》,北京师范大学出版社,2003年

美术课程标准研制组:《全日制义务教育·美术课程标准解读》,北京师范大学出版社,2006年

教育部基础教育司、师范教育司组编:《普通高中新课程教师研修手册·美术课程标准研修》,高等教育出版社,2004年

图书在版编目（CIP）数据

中小学美术教学法 / 李庆云，罗克中著 . -- 南宁：广西美术出版社，2014.8 （2024.7 重印）
全国高等院校美术教育学“十二五”规划系列教材
ISBN 978-7-5494-1189-4

Ⅰ . ①中… Ⅱ . ①李… ②罗… Ⅲ . ①中小学－美术课－教学法－高等学校－教材 Ⅳ . ① G633.955.2

中国版本图书馆 CIP 数据核字 (2014) 第 199727 号

全国高等院校美术教育学“十二五”规划系列教材

中小学美术教学法

Zhong-xiaoxue Meishu Jiaoxuefa

顾　　问：白晓军
主　　编：帅民风　何平静
副 主 编：张景鸿　唐长兴
编 委 会：叶　峰　罗克中　李庆云　陈　莹　吴少昆
席志新　唐长日　邹航英　李　茵　张　韬
伍锦昌　冯　琼　张　猛　李　方　何平静
曾子杰　唐　华　叶　萍　李庭坚　张康贵
罗起联　李裕杰　文超武　容　州　闭宗庭
杨　杰　杨秀标　韦子鹏　赵相武　杨　帆
侯建军　石承斌　马志来　黄国存　曾远锋
孙远志　贺　雷
本册著者：李庆云　罗克中
图书策划：钟艺兵
责任编辑：谭　宇
责任校对：黄雪婷　林柳源　尚永红
审　　读：陈小英
封面设计：八　人　雨　坛
版式设计：亚　兵
出 版 人：白竹林
出版发行：广西美术出版社
地　　址：南宁市望园路 9 号
邮　　编：530023
网　　址：www.gxfinearts.com
制　　版：广西雅昌彩色印刷有限公司
印　　刷：广西民族印刷包装集团有限公司
版　　次：2014 年 9 月第 1 版
印　　次：2024 年 7 月第 7 次印刷
开　　本：889mm × 1194mm　1/16
印　　张：9.5
书　　号：ISBN 978-7-5494-1189-4/G・512
定　　价：39.00 元